Max Horkheimer

Die Sehnsucht nach dem ganz Anderen

Ein Interview
mit Kommentar
von
Hellmut Gumnior

FURCHE-VERLAG

BAND 97 DER STUNDENBÜCHER

Originalausgabe
© Furche-Verlag H. Rennebach KG, Hamburg 1970
Alle Rechte vorbehalten
Gesamtherstellung: Clausen & Bosse, Leck
Printed in Germany
ISBN 3 7730 0023 5

VORWORT

Max Horkheimer, der Begründer der Kritischen Theorie, hat in letzter Zeit durch zahlreiche Äußerungen, vor allem durch sein Gespräch mit dem »Spiegel« bei radikalen Studenten und orthodoxen Marxisten Unwillen erregt.

Man sprach — ein Wort von ihm verwendend — von der »Beichte eines Ketzers auf dem Totenbett«.

Max Horkheimer ist weder ein Ketzer gewesen, noch hat er etwas zu beichten.

Ich erinnere mich an unsere erste Unterhaltung, in der ich ihn fragte, wie es zu seiner Wandlung vom revolutionären Optimisten zum Pessimisten gekommen sei. Erstaunt sah er mich damals an und sagte: »Wenn schon, dann müssen Sie von einer Rückkehr sprechen!« Freilich, auch dies war nur eine liebenswürdige Konzession an den auf Nachrichten und ihre Hintergründe hoffenden Journalisten. Heute glaube ich, Max Horkheimer ist immer der geblieben, der er von Anfang an war: ein Philosoph mit dem Verlangen nach Gerechtigkeit angesichts einer Welt, in der die Ungerechtigkeit triumphiert.

Während der Aufnahmen für ein Fernseh-Porträt zu Horkheimers 75. Geburtstag entstand der

Plan, die Aufzeichnungen unserer Unterhaltungen zusammenzustellen, und sie mit seiner Zustimmung zu veröffentlichen.

Der ausführliche Kommentar ist als Versuch gedacht, das Denken Horkheimers vor dem Hintergrund seiner Biographie darzustellen.

Hamburg, im August 1970   HELMUT GUMNIOR

»Jedes endliche Wesen — und die Menschheit ist endlich —, das als Letztes, Höchstes, Einziges sich aufspreizt, wird zum Götzen, der Appetit nach blutigen Opfern hat und dazu noch die dämonische Fähigkeit, die Identität zu wechseln, einen anderen Sinn anzunehmen.«
MAX HORKHEIMER im »Schopenhauer-Jahrbuch« 1961

»Für die jungen Leute von heute ist allein die Wissenschaft wahr, weil sie das Wahre mit dem Exakten verwechseln und daran glauben, daß die einzige Gestalt der Vernunft die ist, die ich instrumentell nenne — und daß sie alle anderen aufhebt.«
MAX HORKHEIMER im »L'Espresso«, 1969

»Mögen die alten Konfessionen weiter existieren und wirken in dem Eingeständnis, daß sie eine Sehnsucht ausdrücken und nicht ein Dogma.«
MAX HORKHEIMER im »Spiegel«, 1970

Zur Vorgeschichte und aktuellen Situation des Interviews

Es gehört — vordergründig betrachtet — vielleicht zu dem, was man die »Ironie des Geistes« nennt, wenn gegenwärtig Theologen den Tod Gottes verkünden und Philosophen oder Soziologen das Unendliche suchen und die Endlichkeit des Menschen konstatieren. Vordergründig betrachtet, scheint ein geistiger Frontwechsel von nahezu gigantischem Ausmaß stattzufinden, wenn Marxisten, wie zum Beispiel der tschechoslowakische Philosoph Vítězslav Gardavský, die Frage stellen: »Was wird der Mensch ohne Gott anzubieten haben?« und katholische Theologen wie der Münsteraner Professor Johannes B. Metz die revolutionäre Abschaffung einer ungerechten Gesellschaft sanktionieren.

Dabei erstaunt mehr die Konversion mancher Marxisten als die »neue Praxis« (Metz) einiger Christen. Doch das Staunen gilt nur, solange Marxisten — und auch Christen — als Marionetten einer längst verselbständigten, institutionalisierten Weltanschauung gesehen werden.

1835 schrieb der damals siebzehnjährige Karl Marx in seiner Abiturarbeit in Religion:

»Wenn wir die Geschichte der Einzelnen, wenn wir die Natur des Menschen betrachten, sehen wir zwar stets einen Funken der Gottheit in seiner Brust, eine Begeisterung für das Gute, ein Streben nach Erkenntnis, eine Sehnsucht nach Wahrheit, allein die Funken des Ewigen erstickt die Flamme der Begier; die Begeisterung für die Tugend übertäubt die lockende Stimme der Sünde, sie wird verhöhnt, sobald das Leben uns seine ganze Macht fühlen gelassen; das Streben nach Erkenntnis verdrängt ein niederes Streben nach irdischen Gütern, die Sehnsucht nach Wahrheit erlöscht durch die süßschmeichelnde Macht der Lüge, und so steht der Mensch da, das einzige Wesen in der Natur, das seinen Zweck nicht erfüllt, das einzige Glied in dem Alle der Schöpfung, das des Gottes nicht wert ist, der es erschuf.«

Wer nun für den Marxismus kompetenter ist, der junge oder der alte Marx, der die Religion »Opium des Volkes« nannte, diese Frage mag jene nicht ruhen lassen, die, mit Ärger oder Schadenfreude — je nach politischer Couleur — Widersprüche im Marxschen Denken entdecken wollen.

Das gilt auch für Max Horkheimer, wenngleich die »Widersprüche« bei ihm nur scheinbare sind. Man wird ihn wohl immer mißverstehen, solange man den Schlüsselgedanken seiner Philosophie übersieht — vielleicht auch, was nicht auszuschließen ist, übersehen will. Er hat ihn, zumindest sinngemäß nicht zum ersten Male, in dem Interview formuliert:

»Die Sehnsucht, daß der Mörder nicht über das unschuldige Opfer triumphieren möge.«

Dies mag banal klingen. Aber gemessen am Stellenwert, den dieser Satz in Horkheimers Philosophie hat, verliert er alle Banalität. In ihm offenbart sich aber noch mehr: Die enge Bindung Horkheimers an sein Judentum. Die Juden, so hat er vor einigen Jahren erklärt, fühlen sich als auserwähltes Volk, weil sie als Individuen und als Volk dem einzigen Gott und der Gerechtigkeit verpflichtet sind. Durch den Willen zur Gerechtigkeit ist der Jude der Feind alles Totalitären und darin liegt eine der Wurzeln des weltweiten Antisemitismus.

Dieser Wille zur Gerechtigkeit erklärt Horkheimers Hinwendung zum Marxismus als »Antwort auf die Herrschaft des Totalitären von Rechts«, aber auch seine Abkehr vom Marxismus, als Stalin die totalitäre Herrschaft von Links praktizierte.

»Mit den Begründern des Wissenschaftlichen Sozialismus hatte ich gemeint, die kulturellen Errungenschaften der bürgerlichen Epoche, freie Entfaltung der Kräfte, geistige Produktivität, nicht mehr gezeichnet durch Gewalt und Ausbeutung, müßten in der Welt sich ausbreiten. Was ich ... erfahren habe, ließ mein Denken jedoch nicht unberührt. Die Staaten, die sich kommunistisch nennen und derselben Marxschen Kategorien sich bedienen, denen meine theoretische Anstrengung so viel verdankt, sind dem Anbruch eines neuen Tages heute gewiß nicht näher als die Länder, in denen, zur Stunde wenigstens, Freiheit des Einzelnen noch nicht erloschen ist.«[1]

Der königlich-bayrische Kommerzienrat Moriz Horkheimer, Herr über eine Textilfabrik und eine feudale Villa in Stuttgart-Zuffenhausen, war der Typ eines Unternehmers, wie ihn nur der Liberalismus des 19. Jahrhunderts hervorbringen konnte, jene »bürgerliche Epoche«, in der die Entfaltung des Einzelnen möglich war. Moriz Horkheimer war ein konservativer, kein orthodoxer Jude und ein nationalliberaler Deutscher. Daß er sich aus eigener Kraft zum Millionär emporgearbeitet hatte, gab ihm und gibt seinem Sohn jenes natürliche Selbstbewußtsein, das die eigene Leistung zu werten weiß, ohne sie überzubewerten.

Die Mutter war dem Manne wie dem Sohn liebend ergeben, ergeben auch der Tradition, den Vorschriften und Geboten ihrer Religion. — Helle Aufregung herrschte, als der kleine Max nach einer schweren Krankheit vom Arzt zur Stärkung Brot und Schinken verordnet bekam. Fleisch und Milchprodukte, also Butter, zusammen zu essen, ist nach den jüdischen Speisevorschriften streng verboten. Erst als der Rabbi das ärztliche über das talmudische Gebot stellte, bekam der Rekonvaleszent seine Schinkenbrote.

Horkheimer hat diese kleine Episode nie vergessen, nicht weil bestimmte Kindheitserlebnisse wie ein Film vor dem Erwachsenen abrollen, sondern weil sie in gewisser Weise beteiligt ist an der Formung seines Denkens.

Es ist interessant zu verfolgen, wie sehr das Biographische sich in Horkheimers Philosophie widerspiegelt. In jeder persönlichen Erfahrung — und das ist kennzeichnend für sein Denken — sucht er die Spuren allgemeinen Verhaltens der Menschen.

So entdeckte er in seinem liberal-bürgerlichen Elternhaus mit dem Vater im Mittelpunkt entscheidende gesellschaftliche Faktoren des 19. Jahrhunderts:

»Während in der bürgerlichen Blüteperiode zwischen Familie und Gesellschaft die fruchtbare Wechselwirkung stattfand, daß die Autorität des Vaters durch seine Rolle in der Gesellschaft begründet und die Gesellschaft mit Hilfe der patriarchalischen Erziehung zur Autorität erneuert wurde, wird nunmehr die freilich unentbehrliche Familie ein Problem bloßer Regierungstechnik. Die Totalität der Verhältnisse im gegenwärtigen Zeitalter, dieses Allgemeine, war durch ein Besonderes in ihm, die Autorität, gestärkt und gefestigt worden, und dieser Prozeß hat sich wesentlich in dem Einzelnen und Konkreten, der Familie, abgespielt. Sie bildete die ›Keimzelle‹ der bürgerlichen Kultur, welche ebenso wie die Autorität lebendig war.«[2]

Es sind auch Erfahrungen seiner Kaufmannslehrzeit — als Untersekundaner hatte er das Gymnasium verlassen, um als Lehrling in den väterlichen Betrieb einzutreten —, die er viele Jahre später in einem Essay sozialpolitisch interpretierte:
»Der Kaufakt im Spezialgeschäft war bescheidenes Abbild des Geschäftsverkehrs der großen Welt. Weder Freundlichkeit noch Sachkenntnis, selbst nicht das günstige Verhältnis zwischen Preis und Qualität genügten, um den wichtigen Abschluß zu tätigen. Der Unternehmer, der zum Geschäftsfreund jenseits der Grenzen fuhr oder ihn im eigenen Privatkontor und zu Hause willkommen hieß, bedurfte guter Umgangsformen, der Vertrautheit mit Sprachen, Ländern, Sitten. Was immer die Verbindung mit potentiellen Kontrahenten anbahnen und festigen konnte, sollte dem Kaufmann eigen sein. Bürgerliche wie jede andere Bildung hatte in spezifischen Interessen, ohne doch in ihnen aufzugehen, ihr Fundament. In der Kunst des Verkaufs war die Empfindsamkeit des Kunden sinngemäß vorausgesetzt. Wie nüchtern-kritisch er die vorgelegten Waren prüfte, die Verhaltensweise des Verkäufers war nicht bedeutungslos. Je nach den Umständen galt sie mehr als bloße Emballage. Noch der kleine Mann erfuhr im Kaufakt ein Stück seiner Freiheit und der Achtung seiner als Subjekt.«[3]

Als Kaufmannslehrling traf Horkheimer die beiden Menschen, die in seinem Leben eine wichtige Rolle spielen sollten: Rose Riekher und Friedrich Pollock.

In Pollock, wie Horkheimer für den Kaufmannsberuf bestimmt, fand er den Gleichgesinnten. Gemeinsam verbrachten sie ihre Volontärzeit im Ausland, gemeinsam wurden sie Soldaten im Ersten Weltkrieg, gemeinsam holten sie als Externe in München ihr Abitur nach, und gemeinsam studierten sie in München, Freiburg und Frankfurt. Pollock Nationalökonomie, Horkheimer Philosophie.

Noch heute sind sie fast täglich zusammen, denn der emeritierte Ordinarius Pollock ist Horkheimers Grundstücksnachbar.

Rose Riekher, damals Privatsekretärin des Vaters, wurde seine Lebensgefährtin. Über ein halbes Jahrhundert lebte er mit Maidon, wie er sie zärtlich nannte, zusammen. Sie starb im Herbst 1969.

Im Jahre 1913 las Horkheimer, damals 18 Jahre alt, zum erstenmal Arthur Schopenhauers »Aphorismen zur Lebensweisheit«. Pollock hatte dem Freunde die Reclam-Ausgabe der »Aphorismen« eines Abends mitgebracht. Die Beziehung zu Schopenhauer bildet ein wichtiges Moment in seiner Entwicklung. Nach dem Ersten Weltkrieg entschloß er sich, zu studieren, um »mehr über den Menschen zu erfahren«.

Bei der Anhänglichkeit an Schopenhauer, die Horkheimer bis heute bewahrt hat, mögen sicherlich auch biographische Parallelen eine Rolle gespielt haben. Beide hatten Väter, die Großkaufleute waren, beide sollten deren Nachfolger im Geschäft werden, beide erlernten den Kaufmannsberuf, beide sind schließlich Philosophen geworden.

Die neuen Interessen des Sohnes und seine Liebe zu der Christin kollidierten mit den Wünschen der Eltern. Freilich stimmt es nicht, daß Moriz Horkheimer den Sohn enterbt habe, und dem nun mittellosen Studenten sein Frankfurter Lehrer, der Neukantianer Hans Cornelius, das Studium finanzierte. Cornelius nahm sich des Spätberufenen nur besonders herzlich an, unterrichtete ihn auch in Malerei und Kompositionslehre und nahm ihn und Maidon mit auf eine ausgedehnte Italienreise.

Obwohl der Vater enttäuscht war, daß der Sohn den Kaufmannsberuf aufgegeben hatte, verfolgte er doch mit Interesse sein Studium. Als Horkheimer bei Edmund Husserl in Freiburg hörte, kam der alte Kommerzienrat angereist, um sich bei Husserl zu erkundigen, ob der Sohn überhaupt Talent zur Philosophie habe. Etwas unsicher wartete der junge Student vor Husserls Zimmer. Als nach langer Zeit der Vater endlich aus dem Zimmer kam, erklärte er dem Aufgeregten sehr lakonisch: »Husserl hat gesagt, du hast Talent.«

Etwas erstaunt über die karge Auskunft fragte der Sohn: »Aber worüber habt ihr euch denn so lange unterhalten?«

»Über Politik!«
»Über Politik? Was hat er denn gesagt?«
»Was soll er schon gesagt haben, er ist doch ein Philosoph.«

Anfang der zwanziger Jahre begann Horkheimer Karl Marx zu lesen. Krieg und Revolution, so urteilt er heute über seine Beschäftigung mit Marx, hätten deutlich werden lassen, daß sich die Philosophen mehr um die Gesellschaft und ihre Probleme als um das Individuum kümmern müßten. Zudem schien ihm damals die Marxsche Lehre ein geeignetes Mittel zu sein, um die Gefahr eines fanatischen Nationalismus, den er nach der Niederlage in Deutschland kommen sah, zu bannen, eine Gefahr, die auch das Judentum bedrohte. — In einer Novelle, die er am Ende des Ersten Weltkriegs geschrieben hat, schildert er einen gespenstischen Traum, in dem er als Jude durch die Straßen getrieben wird. Verspottet und angespuckt von einem verhetzten Pöbel, durchlebt er Marterqualen und Todesangst.

»In der ersten Hälfte des Jahrhunderts war proletarische Erhebung in den von Krise und Inflation betroffenen europäischen Ländern eine plausible Erwartung. Daß zu Anfang der dreißiger Jahre die vereinigten Arbeiter im Bund mit Intellektuellen den Nationalsozialismus hätten verhindern können, war keine leere Spekulation. Zu Beginn der völkischen Barbarei, erst recht zur Zeit des Grauens ihrer Herrschaft war freiheitliche Gesinnung identisch mit Empörung gegen innere und äußere soziale Mächte, die den Aufstieg der künftigen Mörder teils veranlaßt, teils gefördert oder wenigstens geduldet hatten.«[4]

Einer politischen Partei, der SPD oder der KPD, schloß sich Horkheimer jedoch nicht an. Den Sozialdemokraten verzieh er niemals, daß sie 1914 für die Kriegskredite gestimmt hatten, und die Kommunisten stießen ihn durch ihre Propaganda der Gewalt und des Terrors gegen Andersdenkende ab.

1922 promovierte Horkheimer bei Cornelius. Drei Jahre später habilitierte er sich an der Frankfurter Universität mit einer Arbeit über Kants »Kritik der Urteilskraft«.

Als Privatdozent trat Horkheimer in Verbindung zum Institut für Sozialforschung, einer Stiftung des jüdischen Großkaufmanns Hermann Weil. Als der erste Direktor des Instituts, Professor Karl Grünberg, starb, übernahm Horkheimer die Leitung. Gleichzeitig wurde er als ordentlicher Professor auf den neuerrichteten Lehrstuhl für Sozialphilosophie an der Universität berufen. Unter Horkheimers Leitung — Friedrich Pollock, der sich auch habilitiert hatte, verwaltete neben seiner wissenschaftlichen Mitarbeit die Finanzen — wurde das Institut in wenigen Jahren zum Zentrum der Sozialphilosophie in Deutschland. Die Institutszeitschrift, die er unter dem Titel »Zeitschrift für Sozialforschung« neu herausgab, war bald die angesehenste philosophisch-soziologische Fachzeitschrift Europas. In einer der ersten Nummern legte er das Programm der Zeitschrift vor:

»Die Zeitschrift ist dazu bestimmt, die Theorie des gegenwärtigen Gesellschaftsprozesses durch Konzentration aller für ihre Weiterbildung wichtigen Fachwissenschaften auf das Problem der Gesellschaft zu fördern.«[5]

Dieses Programm enthielt bereits einen Grundgedanken der kritischen Theorie, nämlich zu versuchen, gesellschaftliches Wirken als Produktionsprozeß zu begreifen und Politik, Wirtschaft, Wissenschaft und Kunst als ein Ganzes zu sehen. Entschieden wandte sich Horkheimer gegen ein weltfremdes Spekulieren, wie es seiner Meinung nach die moderne Metaphysik betrieb, und bekannte sich zu einer materialistischen Theorie: »Der Versuch, die gesellschaftlichen Ursachen der Verkümmerung und Vernichtung menschlichen Lebens zu erkennen und die Wirtschaft wirklich den Menschen unterzuordnen, ist jenem Streben angemessener (die geistigen Anlagen der Menschen wirklich zur Entfaltung zu bringen) als die dogmatische Behauptung einer vom Lauf der Geschichte unabhängigen Priorität des Geistigen.«[6]

Scharf verurteilte er auch die Geistfeindlichkeit einiger Philosophen (Ludwig Klages) der Weimarer Zeit und ihren Blut- und Seelenmythos:

»Zur Verschleierung der Ursachen der gegenwärtigen Krise gehört es, gerade diejenigen Kräfte für sie verantwortlich zu machen, die auf eine bessere Gestaltung der menschlichen Verhältnisse hinarbeiten, vor allem das rationale, wissenschaftliche Denken selbst. Es wird versucht, seine Steigerung und Kultivierung beim Einzelnen hinter die Ausbildung des ›Seelischen‹ zurücktreten zu lassen und den kritischen Verstand, soweit er nicht beruflich in der Industrie benötigt wird, als entscheidende Instanz zu diskreditieren. Durch die Lehre, daß der Verstand nur ein für die Zwecke des täglichen Lebens brauchbares Instrument sei, aber vor den großen Problemen zu verstummen und substantielleren Mächten der Seele das Feld zu räumen habe, wird von einer theoretischen Beschäftigung mit der Gesellschaft als ganzer abgelenkt.«[7]

Solche Sätze trugen ihm den Haß der »Völkischen« ein, die sein Institut als »Café Marx« verspotteten. Horkheimer sah immer mehr ein, daß die Flut des Nationalsozialismus vorerst nicht aufzuhalten war. Er richtete Zweigstellen des Instituts im Ausland ein, um den geistigen Kampf gegen den Nazismus fortsetzen zu können. Bereits 1930 fuhr Pollock nach England und gründete dort in Zusammenarbeit mit britischen Soziologen eine Zweigstelle des Instituts. Am Bureau International du Travail beim Völkerbund baute Horkheimer eine »Studienstelle« auf.

Wenige Tage nach der Machtergreifung Hitlers

verließ Horkheimer Deutschland. Fast ein Jahr blieb er in Genf und Paris. Im Frühjahr 1934 reiste er mit seiner Frau, einer gebürtigen Engländerin, nach Amerika. Er war fest entschlossen, das Institut dort weiterzuführen, nachdem es von den Nazis annektiert und seine Bibliothek beschlagnahmt worden war. Nach einer kurzen Verbindung mit der École Normale Supérieure in Paris, die einen Teil des Instituts aufnahm, fand Horkheimer im Präsidenten der New Yorker Columbia University einen neuen Mäzen:

»Eines Tages bat mich der Präsident der Universität, dem ich von meinen Sorgen geschrieben hatte, ihn zu besuchen. Nicholas Murray Butler empfing mich mit größter Freundlichkeit. Nachdem er mich angehört hatte, ließ er mir durch den Provost das Gelände der Universität und insbesondere ein Haus in der 117. Straße auf dem Campus zeigen. Bei der Rückkehr in das Büro des Präsidenten war seine erste Frage: ›Wie gefällt Ihnen das Haus Nummer 429?‹ Etwas erstaunt antwortete ich höflich, daß es mir sehr gut gefiele. ›Dann können Sie dieses Haus für Ihr Institut haben‹, war seine kurze Antwort.«

Horkheimer begann sofort mit dem Aufbau des Instituts. Friedrich Pollock, Herbert Marcuse, Leo Löwenthal, Erich Fromm und später auch Adorno wurden seine engsten Mitarbeiter.

Theodor Adorno war mit Horkheimer seit seiner Studienzeit eng befreundet. Im Gegensatz zu

Horkheimer war Adorno 1933 der Meinung gewesen, man müsse in Deutschland bleiben, um den Nazismus zu bekämpfen. Schließlich entschloß er sich auf Horkheimers Wunsch, in das New Yorker Institut zu kommen.

Die erste große Veröffentlichung des Instituts in Amerika war der Sammelband »Autorität und Familie«, für den Horkheimer den Einführungsaufsatz geschrieben hat:

»In der großen bürgerlichen Philosophie bis zum Beginn des 19. Jahrhunderts kehrt trotz aller inneren Widersprüche die Absage an autoritäres Verhalten immer wieder. Der Angriff der englischen und französischen Aufklärung auf die Theologie geht in seinen mächtigsten Tendenzen keineswegs gegen die Annahme des Daseins Gottes überhaupt. Voltaires Deismus war gewiß nicht unaufrichtig. Er hat das Ungeheuere nicht fassen können, daß es bei der irdischen Ungerechtigkeit sein Bewenden haben sollte; die Güte seines Herzens hat dem schärfsten Verstand des Jahrhunderts einen Streich gespielt. Die Aufklärung bekämpfte nicht die Behauptung Gottes, sondern seine Anerkennung auf Grund bloßer Autorität... In letzter Instanz soll der Mensch seine eigenen geistigen Fähigkeiten gebrauchen und nicht von Autoritäten abhängig sein.«[8]

Hier klingt wieder das Leitmotiv Horkheimerschen Philosophierens an: Die Sehnsucht, daß die Endlichkeit des Endlichen nicht das Letzte sei, daß es aber nur die Sehnsucht danach gebe, nicht die durch irgendwelche Autoritäten gestützte Gewißheit.

In der ersten Hälfte der dreißiger Jahre entwickelte Horkheimer in Amerika seine kritische Theorie, die er dann gemeinsam mit Adorno weiter ausbaute und die als »Frankfurter Schule« bekannt wurde.

1937 erschien sein bedeutender Aufsatz über »Traditionelle und kritische Theorie«, in dem er die »gesellschaftliche Funktion der Philosophie« darzustellen versuchte.

»Die traditionelle Vorstellung der Theorie ist aus dem wissenschaftlichen Betrieb abstrahiert, wie er sich innerhalb der Arbeitsteilung auf einer gegebenen Stufe vollzieht. Sie entspricht der Tätigkeit des Gelehrten, wie sie neben allen übrigen Tätigkeiten in der Gesellschaft verrichtet wird, ohne daß der Zusammenhang zwischen den einzelnen Tätigkeiten unmittelbar durchsichtig wird. In dieser Vorstellung erscheint daher nicht die reale gesellschaftliche Funktion der Wissenschaft, nicht was Theorie in der menschlichen Existenz, sondern nur, was sie in der abgelösten Sphäre bedeutet, worin sie unter den historischen Bedingungen erzeugt wird. In Wahrheit resultiert jedoch das Leben der Gesellschaft aus der Gesamtarbeit der verschiedenen Produktionszweige, und wenn die Arbeitsteilung unter der kapitalistischen Produktionsweise auch nur schlecht funktioniert, so sind ihre Zweige, auch die Wissenschaft, doch nicht als selbständig und unabhängig anzusehen. Sie sind Besonderungen der Art und Weise, wie sich die Gesellschaft mit der Natur auseinandersetzt und in ihrer gegebenen Form erhält. Sie sind Momente des gesellschaftlichen Produktionsprozesses, mögen sie selbst auch wenig oder gar nicht produktiv im eigentlichen Sinne sein.«[9]

Die traditionelle Theorie, die traditionelle Philosophie war die Legitimierung und Ideologie des Bestehenden. Kritische Theorie hingegen hat die Aufgabe, den vernünftigen Zustand der Gesellschaft herbeizuführen. Diese Aufgabe gründet zwar »in der Not der Gegenwart«, aber »mit dieser Not ist das Bild ihrer Beseitigung« nicht schon gegeben. »Die Theorie«, die der kritische Theoretiker entwirft, »arbeitet nicht im Dienst einer schon vorhandenen Realität, sie spricht nur ihr Geheimnis aus«.

Kritische Theorie kann sich nicht mit dem »Schein der Selbständigkeit von Arbeitsprozessen« begnügen, sie kann sich nicht mit der Aussage begnügen, daß die wahrnehmbare Welt als ein Inbegriff von Faktizitäten da ist und so hingenommen werden muß. Sie muß vielmehr darauf bestehen, daß die Welt von der historischen Dialektik bestimmt wird:

»Dieselbe Welt, die für den Einzelnen etwas an sich Vorhandenes ist, das er aufnehmen muß und berücksichtigt, ist in der Gestalt, wie sie da ist und fortbesteht, ebensosehr Produkt der allgemeinen gesellschaftlichen Praxis.«[10]

Der Gelehrte, so versteht Horkheimer seine eigene Rolle in dieser Welt, »ist in den gesellschaftlichen Apparat eingespannt«. Kritisches Denken ist demnach nicht ein logischer, sondern ebensosehr ein konkret geschichtlicher Prozeß.

»Insofern bewahrt die kritische Theorie über das Erbe des deutschen Idealismus hinaus das der Philosophie schlechthin; sie ist nicht irgendeine Forschungshypothese, die im herrschenden Betrieb ihren Nutzen erweist, sondern ein unablösbares Moment der historischen Anstrengung, eine Welt zu schaffen, die den Bedürfnissen und Kräften der Menschen genügt. Bei aller Wechselwirkung zwischen der kritischen Theorie und den Fachwissenschaften, an deren Fortschritt sie sich ständig zu orientieren hat und auf die sie seit Jahrzehnten einen befreienden und anspornenden Einfluß ausübt, zielt sie nirgends bloß auf Vermehrung des Wissens als solchen ab, sondern auf die Emanzipation des Menschen aus versklavenden Verhältnissen. Darin entspricht sie der griechischen Philosophie, nicht so sehr in der hellenistischen Periode der Resignation als in ihrer Blüte unter Plato und Aristoteles. Wenn Stoiker und Epikuräer sich nach den vergeblichen politischen Entwürfen jener beiden Philosophen auf die Lehre individualistischer Praktiken zurückzogen, so hat die neue dialektische Philosophie die Erkenntnis festgehalten, daß die freie Entwicklung der Individuen von der vernünftigen Verfassung der Gesellschaft abhängt. Indem sie den gegenwärtigen Zuständen auf den Grund ging, wurde sie zur Kritik der Ökonomie.«[11]

Kritisches Verhalten muß deshalb die gesamte Gesellschaft zum Gegenstand haben. Es kann nicht nur darauf gerichtet sein, »irgendwelche Mißstände abzustellen«. Deshalb verschaffe die kritische Theorie ihren Repräsentanten nicht das Heil, nicht etwa stoische oder christliche Gelassenheit:

»Die Märtyrer der Freiheit haben nicht ihre Seelenruhe gesucht. Ihre Philosophie war Politik.«[12]

Und zur Dialektik des kritischen Geistes schrieb Horkheimer: Der Geist ist liberal, weil er keinen äußeren Zwang, »keine Anpassung seiner Ergebnisse an den Willen irgendeiner Macht« vertrage, er ist zugleich aber nicht liberal, weil er die Tendenz der Autonomie, der »Herrschaft der Menschen über ihr Leben wie über die Natur« als wirkende Kraft in der Geschichte weder ohne Interesse erkennen, noch »ohne realen Kampf zum allgemeinen Bewußtsein« machen könne.

Die kritische Theorie ist also »weder verwurzelt wie die totalitäre Propaganda«, noch »freischwebend wie die liberalistische Intelligenz«. Sie ist kritisches, kämpferisches Engagement, »Treue und Solidarität« sind »Momente der richtigen Theorie und Praxis«.

Kritische Theorie ist aber für Horkheimer auch

kein »gigantisches analytisches Urteil«, sondern ein »einziges entfaltetes Existenzialurteil« über die Gesellschaft:

»Es besagt, grob formuliert, daß die Grundform der historisch gegebenen Warenwirtschaft, auf der die neuere Geschichte beruht, die inneren und äußeren Gegensätze der Epoche in sich schließt, in verschärfter Form stets aufs neue zeitigt und nach einer Periode des Aufstiegs, der Entfaltung menschlicher Kräfte, der Emanzipation des Individuums, nach einer ungeheueren Ausbreitung der menschlichen Macht über die Natur schließlich die weitere Entwicklung hemmt und die Menschheit einer neuen Barbarei zutreibt.«[13]

Horkheimers Eltern waren in Deutschland geblieben. Selbstbewußt hatte Moriz Horkheimer dem Sohn auf dessen eindringliche Warnungen hin geschrieben:

»Unsere Familie lebt schon länger in Deutschland als die des Herrn Hitler.«

Erst zehn Tage vor Ausbruch des Zweiten Weltkriegs, im August 1939, erklärte sich der alte Kommerzienrat bereit, aus Deutschland zu fliehen. Von Amerika aus organisierte Horkheimer die Flucht der Eltern in die Schweiz.

Im Jahre 1941 verließ Horkheimer New York und siedelte nach Kalifornien über. Dort lernte er Thomas Mann kennen:

»Ich suchte in Kalifornien ein Grundstück. Ein

bekannter Architekt zeigte mir verschiedene Grundstücke, unter anderem eins, das mir besonders gut gefiel. Aber der Preis war mir doch zu hoch. ›Was bieten Sie, Herr Professor‹, fragte mich der Architekt. Ich nannte ihm eine Summe, die viel niedriger war als der geforderte Preis. Drei Tage später rief er mich an und sagte: ›Herr Professor, das Grundstück gehört Ihnen.‹ Auf meinen Einwand, daß ich den Preis, den er fordere, ja nicht bezahlen könne, erklärte er: ›Ich nehme, was Sie geboten haben!‹ Erstaunt fragte ich ihn, wie er denn dazu komme? ›Ich habe das Nachbargrundstück sehr gut verkauft, also kann ich Ihnen im Preis entgegenkommen. Übrigens ist Ihr Nachbar, der das andere Grundstück gekauft hat, auch ein Deutscher. Sein Name ist Thomas Mann.‹«

Gemeinsam mit Thomas Mann regte Horkheimer eine Untersuchung darüber an, welche Bevölkerungsgruppe in Deutschland den vom Nazismus Verfolgten am meisten geholfen hat. Das Ergebnis überraschte Mann wie Horkheimer. Es stellte sich nämlich heraus, daß gläubige Katholiken die größte Bereitschaft zeigten, den Verfolgten zu helfen.

Im Jahre 1940 faßt Horkheimer noch einmal seine Gedanken über die gesellschaftliche Funktion der Philosophie in einem Essay zusammen. Aber deutlich distanziert zum kämpferischen Pathos der dreißiger Jahre, deutlich pessimistischer gegenüber dem früheren aufklärerischen Elan:

»Man kann nicht sagen, daß in der Geschichte

der Philosophie diejenigen Denker am fortschrittlichsten wirkten, die am meisten zu kritisieren hatten oder die stets mit sogenannten praktischen Programmen bei der Hand waren. So einfach liegen die Dinge nicht. Eine philosophische Lehre hat stets mehrere Seiten, und jede kann die verschiedensten historischen Wirkungen haben. Nur in außergewöhnlichen Zeiten, wie der französischen Aufklärung, wird die Philosophie selbst zur Politik. In jener Epoche verband man mit dem Wort Philosophie nicht so sehr Logik und Erkenntnistheorie als Angriffe auf die klerikale Hierarchie und das unmenschliche Gerichtswesen. Mit der Beseitigung bestimmter Vorurteile wurde tatsächlich die Tür zu einer neuen, besseren Welt aufgestoßen. Tradition und Glaube waren zwei der mächtigsten Bollwerke des ancien régime, und die philosophischen Attacken bildeten eine unmittelbar geschichtliche Aktion. Heute geht es jedoch nicht mehr darum, ein Glaubensbekenntnis zu eliminieren; denn in den totalitären Staaten, wo am lautesten an Heroismus und eine erhabene Weltanschauung appelliert wird, regieren weder Glaube noch Weltanschauung, sondern eine fade Mittelmäßigkeit und die Apathie des Individuums gegenüber dem Verhängnis und dem, was von oben kommt. Unsere gegenwärtige Aufgabe ist es viel eher, die Gewähr dafür zu schaffen, daß in Zukunft die Fähigkeit zur Theorie und zum Handeln, das aus der Theorie erwächst, nie wieder verlorengeht, auch nicht in einer späteren Epoche des Friedens, wenn die tägliche Routine vielleicht die Tendenz befördert, das ganze Problem wieder zu vergessen.«[14]

Gerade in letzter Zeit wird immer wieder die Frage gestellt, wieweit Horkheimer Marxist war. Er hatte, so schrieb Adorno vor einigen Jahren, »ein distanziertes Interesse am Marxismus«. Für Horkheimer war der Marxismus — als revolutionäre Kraft — eine Waffe im Kampf gegen den Nationalsozialismus. In diesem Sinne hat sich Horkheimer auch immer als Marxist verstanden. Aus diesem Grunde muß die sogenannte Abkehr Horkheimers vom Marxismus vor dem Hintergrund der geschichtlichen Ereignisse in den vierziger Jahren gesehen werden. Für ihn knüpfte sich zudem an den Marxismus die Hoffnung, er werde die Tradition der Aufklärung fortsetzen, die Errungenschaften des liberalen Zeitalters in eine freie, gewaltlose Gesellschaftsordnung übernehmen. Doch schon der Hitler-Stalin-Pakt war für ihn ein erster Beweis, daß auch jene Staaten, die sich auf die Marxsche Lehre beriefen, das Ideal der freien Entfaltung der Persönlichkeit denunzierten. Die Vernunft, in der »die Ideen der Gerechtigkeit, der Gleichheit, des Glücks, der Demokratie, des Eigentums« gründen, wurde im Westen wie im Osten zu einem bloßen Instrument degradiert.

»Es ist, als ob Denken selbst auf das Niveau industrieller Prozesse reduziert worden wäre, einem genauen Plan unterworfen — kurz, zu einem festen Bestandteil der Produktion gemacht.«[15]

In der »Verfinsterung der Vernunft«, 1947 auf englisch veröffentlicht unter dem Eindruck sowohl der stalinistischen Schreckensherrschaft als auch der amerikanischen Zivilisation, verfaßte Horkheimer die Absage an die »instrumentelle Vernunft«, die Absage auch an eine Philosophie, die sich als Ideologie mißbrauchen ließ.

»Was sind die Konsequenzen der Formalisierung der Vernunft? Gerechtigkeit, Gleichheit, Glück, Toleranz, alle die Begriffe, die in den vorhergehenden Jahrhunderten der Vernunft innewohnen oder von ihr sanktioniert sein sollten, haben ihre geistigen Wurzeln verloren. Sie sind noch Ziel und Zwecke, aber es gibt keine rationale Instanz, die befugt wäre, ihnen einen Wert zuzusprechen und sie mit einer objektiven Realität zusammenzubringen. Approbiert durch verehrungswürdige historische Dokumente, mögen sie sich noch eines gewissen Prestiges erfreuen, und einige sich im Grundgesetz der größten Länder enthalten. Nichtsdestoweniger ermangeln sie der Bestätigung durch die Vernunft in ihrem modernen Sinne. Wer kann sagen, daß irgendeines dieser Ideale enger auf die Wahrheit bezogen ist als sein Gegenteil? Nach der Philosophie des durchschnittlichen modernen Intellektuellen gibt es nur eine Autorität, nämlich die Wissenschaft, begriffen als Klassifikation von Tatsachen und Berechnung von Wahrscheinlichkeiten. Die Feststellung, daß Gerechtigkeit und Freiheit an sich besser sind als Ungerechtigkeit und Unterdrückung, ist wissenschaftlich nicht verifizierbar und nutzlos. An sich klingt sie mittlerweile gerade so sinnlos wie die Feststellung, Rot sei schöner als Blau oder ein Ei besser als Milch.«[16]

Und über den praktizierten Marxismus fällte er das eindeutige Urteil:

»Jede philosophische, ethische und politische Idee — das Band, das sie mit ihren historischen Ursprüngen verknüpft ist durchgeschnitten – hat eine Tendenz, zum Kern einer neuen Mythologie zu werden, und das ist einer der Gründe, weshalb das Fortschreiten der Aufklärung auf bestimmten Stufen dazu tendiert, in Aberglauben und Wahnsinn zurückzuschlagen... Theorien, die eine kritische Einsicht in historische Prozesse darstellen, haben sich oft in repressive Lehren verwandelt, sobald sie als Allheilmittel verwandt werden... Philosophie ist weder Werkzeug noch Rezept.«[17]

Freilich, Horkheimer sah nicht nur im Osten Ideale pervertiert, sondern auch in den demokratischen Ländern des Westens:

»Das Mehrheitsprinzip ist in der Form allgemeiner Urteile über alles und jedes, wie sie durch alle Arten von Abstimmungen und modernen Techniken der Kommunikation wirksam werden, zur souveränen Macht geworden, der das Denken sich beugen muß. Es ist ein neuer Gott, nicht in dem Sinne, in dem die Herolde der großen Revolutionen es begriffen, nämlich als eine Widerstandskraft gegen die bestehende Ungerechtigkeit, sondern als eine Kraft, allem zu widerstehen, das nicht konform geht.«[18]

Als Horkheimer begann, sich mit Karl Marx zu beschäftigen, war er der Meinung gewesen, daß es in diesem Jahrhundert wichtiger sei, die Gesellschaft und ihre Probleme zu untersuchen als das Individuum. In der »Verfinsterung der Vernunft«, entdeckt er nun, daß alle gegenwärtigen Gesellschaftsordnungen, ganz gleich, ob kapitalistische oder sozialistische, nicht zur Befreiung, sondern zum »Niedergang des Individuums« führen.

»Der Humanismus träumte einmal davon, die Menschheit durch ein gemeinsames Verständnis ihrer Bestimmung zu vereinigen. Er glaubte, er könnte eine gute Gesellschaft durch theoretische Kritik ihrer gegenwärtigen Praxis zuwege bringen, die dann in die richtige politische Tätigkeit umschlagen würde. Das scheint eine Illusion gewesen zu sein.«[19]

Eine Illusion, nicht nur, weil die Basis dieser Bemühungen, die Vernunft, instrumentalisiert worden ist, sondern weil »die überwältigende Mehrheit der Menschen keine ›Persönlichkeit‹ hat«. Das einzige, was die Menschen wirklich respektieren, ist die Macht: »Das erklärt die unheilvolle Ohnmacht demokratischer Argumente, wann immer sie mit totalitären Methoden konkurrieren mußten. Unter der Weimarer Republik beispielsweise schien das deutsche Volk treu zur Verfassung und einem demokratischen Leben zu stehen, solange es glaubte, hinter ihnen stünde reale Macht. Sobald die Ideale und Prinzipien der Republik mit den Interessen ökonomischer Kräfte in Konflikt gerieten, die eine größere Stärke darstellten, hatten die totalitären Agitatoren leichtes Spiel. Hitler appellierte an das Unbewußte in seinem Publikum, indem er andeutete, er vermöchte eine Macht zu schmieden, in deren Namen der Bann, unter dem die unterdrückte Natur steht, aufgehoben werde. Rationales Überzeugen kann niemals so wirksam sein, weil es den verdrängten primitiven Trieben eines oberflächlich zivilisierten Volkes nicht gemäß ist. Ebensowenig kann die Demokratie hoffen, mit der totalitären Propaganda zu wetteifern, es sei denn, sie nimmt es auf sich, die demokratische Lebensweise zu kompromittieren, indem sie zerstörerische Kräfte des Unbewußten freisetzt.«[20]

Horkheimers sogenannte Abkehr vom Marxismus ist tatsächlich die Rückkehr zum Individualismus. Gleichwohl bleibt für ihn auch weiterhin der Mensch ein soziales Lebewesen, aber die Prioritäten haben sich verkehrt: Nur freie Individuen können auch eine freie Gesellschaft bilden. »Indem der gewöhnliche Mensch sich von der Teilnahme an politischen Angelegenheiten zurückzieht, tendiert die Gesellschaft dazu, zum Gesetz des Dschungels zurückzukehren, das alle Spuren von Individualität tilgt. Das absolut isolierte Individuum ist stets eine Illusion gewesen. Die am höchsten geschätzten persönlichen Qualitäten, wie Unabhängigkeit, Wille zur Freiheit, Sympathie und der Sinn für Gerechtigkeit, sind ebenso gesellschaftliche wie individuelle Tugenden. Das vollentwickelte Individuum ist die Vollendung einer vollentwickelten Gesellschaft. Die Emanzipation des Individuums ist keine Emanzipation von der Gesellschaft, sondern die Erlösung der Gesellschaft von der Atomisierung, eine Atomisierung, die in Perioden der Kollektivierung und Massenkultur ihren Höhepunkt erreichen kann.«[21]

Wie aber läßt sich dieses in Wahrheit dialektische Verhältnis zwischen Individuum und Gesellschaft in einer Synthese aufheben? Gibt es überhaupt eine solche Synthese, das Reich der Freiheit, das Reich freier Individuen? Kann das Ideal der Aufklärung, das Ideal der großen Sozialisten jemals verwirklicht werden?

»Wir sind zum Guten oder Schlechten die Erben der Aufklärung und des technischen Fortschritts. Sich ihnen zu widersetzen durch Regression auf primitive Stufen, mildert die permanente Krise nicht, die sie hervorgebracht haben. Im Gegenteil, solche Auswege führen von historisch vernünftigen zu äußerst barbarischen Formen gesellschaftlicher Herrschaft. Der einzige Weg, der Natur beizustehen, liegt darin, ihr scheinbares Gegenteil zu entfesseln, das unabhängige Denken.«[22]

Horkheimers Skeptizismus gegenüber dem Fortschritt und einem Glauben an eine vernünftige Gesellschaft, aber auch seine ständigen Versuche, gegen die Ungerechtigkeiten dieser Welt zu rebellieren, sind freilich nicht erst das Ergebnis seiner Erfahrungen mit Faschismus, Kommunismus und amerikanischer Zivilisation. In einem wenig beachteten Aufsatz, der bereits 1935 erschien, versuchte er, sowohl die Sehnsucht nach einer besseren Gesellschaft, wie auch ihre Unerfüllbarkeit zu analysieren:

»Die produktive Gestalt der Kritik am Bestehenden, die sich in früheren Perioden als Glaube an einen himmlischen Richter geäußert hat, ist gegenwärtig das Ringen um vernünftigere Formen des gesellschaftlichen Lebens. Aber ähnlich wie die Vernunft sich nach Kant trotz ihres eigenen besseren Wissens des Wiederauftauchens bestimmter erledigter Illusionen nicht erwehren kann, bleibt auch seit dem Übergang der religiösen Sehnsucht in die bewußte gesellschaftliche Praxis ein Schein bestehen, der sich zwar widerlegen, jedoch nicht ganz verscheuchen läßt. Es ist das Bild vollendeter Gerechtigkeit. Diese kann in der Geschichte niemals ganz verwirklicht werden; denn selbst wenn eine bessere Gesellschaft die gegenwärtige Unordnung abgelöst und sich entfaltet haben wird, ist das vergangene Elend nicht gutgemacht und die Not in der umgebenden Natur nicht aufgehoben. Es handelt sich daher auch hier um eine Illusion, um ein Sich-Aufspreizen von Vorstellungen, die wahrscheinlich mit dem primitiven Tausch entstanden sind. Daß jedem das Seine zuteil werden muß und jeder ursprünglich ein gleiches Recht auf Glück mitbringt, ist die Verallgemeinerung ökonomisch bedingter Regeln, ihre Steigerung ins Grenzenlose. Aber der Antrieb zu diesem gedanklichen Hinausgehen über das Mögliche, zu dieser ohnmächtigen Rebellion gegen die Wirklichkeit, gehört zum Menschen, wie er geschichtlich geworden ist. Nicht etwa die Ablehnung dieses Bildes unterscheidet den fortschrittlichen Typus Mensch vom zurückgebliebenen, sondern die Grenzen der Erfüllbarkeit.«[23]

Spätestens an dieser Stelle wird klar, daß Horkheimers Philosophie, daß seine kritische Theorie, von der er selber sagt, sie enthalte eine theologische Idee, eine Theodizee ist, und zwar eine Theodizee, nicht nur im Sinne von Max Weber. Weber verstand darunter jedes theoretische Bemühen, das Leiden auf dieser Welt zu erklären. Im ursprünglichen Sinne bedeutet Theodizee die Rechtfertigung Gottes gegenüber der in der Welt herrschenden Ungerechtigkeit, dem Bösen. — Im Weberschen Sinne könnte man auch die Lehre von Marx als eine Theodizee ansehen. — Wir werden diesen Gedanken weiter unten ausführlicher darlegen.

Horkheimers Absage an den zur Ideologie degradierten Marxismus enthält auch bereits die Absage an die Aufklärung.

»Im Augenblick ihrer Vollendung ist Vernunft irrational und dumm geworden. Das Thema dieser Zeit ist die Selbsterhaltung, während es gar kein Selbst zu erhalten gibt.«[24]

Gemeinsam mit Adorno veröffentlichte er 1948 die »Dialektik der Aufklärung«, in der sie erklärten, das Programm der Aufklärung — »die Entzauberung der Welt« — habe sich in einen neuen Mythos verwandelt. Weil die Aufklärung sich das Ziel gesetzt hatte, den Menschen als Herrn über die Natur einzusetzen, mußte sie dieses Erwachen des Subjekts erkaufen, mit »der Anerkennung der Macht als des Prinzips aller Beziehungen«. »Der Mythos geht in die Aufklärung über, und die Natur in bloße Objektivität. Die Menschen bezahlen die Vermehrung ihrer Macht mit der Entfremdung von dem, worüber sie die Macht ausüben. Die Aufklärung verhält sich zu den Dingen wie der Diktator zu den Menschen.«[25]

Im Jahre 1949 kehrte Horkheimer nach Deutschland zurück, »in der Überzeugung... theoretisch wie praktisch mehr tun zu können als anderswo«.

Im November 1951 weihte er das neue Gebäude des wiedererrichteten Instituts für Sozialforschung ein, und im selben Monat wurde er zum Rektor der Frankfurter Universität gewählt.

In wenigen Jahren gelang es Horkheimer, die Frankfurter Schule erneut zum Zentrum der Sozialphilosophie in Deutschland zu machen. Viele seiner Schüler sahen in ihm noch immer den Marxisten, den Kämpfer für eine bessere Gesellschaft. Die kritische Theorie wurde zum Wegweiser des studentischen Protests, zur Ideologie einer Generation, die mit den Vorstellungen und Begriffen der kritischen Theorie die Revolte gegen die bestehende Gesellschaftsordnung verkündete.

Horkheimers Abkehr vom Marxismus, seine Ablehnung der Revolution, sein Pessimismus denjenigen gegenüber, die glaubten, Philosophie könne Rezepte für den Umsturz liefern, schien nicht bemerkt worden zu sein. Vielleicht ist ein Grund dafür darin zu suchen, daß viele seiner Werke erst sehr spät in der Bundesrepublik erschienen:

»Die Verfinsterung der Vernunft« in dem Sammelband »Zur Kritik der instrumentellen Vernunft«, im Jahre 1967; seine Aufsätze aus den dreißiger Jahren, darunter der große Essay über »traditionelle und kritische Theorie«, im Jahre 1968; die »Dialektik der Aufklärung«, ebenfalls zuerst in Amerika veröffentlicht, im Jahre 1969.

Allerdings, was er nun von der Philosophie erwartete, beschrieb er bereits 1962 in einem Aufsatz über Kant:

»Philosophie heute hat Aktualität in doppeltem Sinn. Es gilt vor allem die Idole zu entmachten, die an Stelle der Religion sich zum absoluten

Sinn erheben wollen, den Lebensstandard, die Nationalismen, den Diamat. In der Auseinandersetzung mit dem Osten fällt ihr ferner eine spezifische Rolle zu. Daß seiner totalitären Herrschaft ein eigener Sinn, nicht etwa Rationalisierungen entgegengesetzt werden, ist die Verantwortung der Philosophie. Der Wettlauf mit dem Osten betrifft nicht bloß die Steigerung der Produktivität, sondern die Wahrheit, der zu dienen der Westen einmal als seine eigenste Mission betrachtet hatte.«[26] Und zum Verhältnis von Individuum und Gesellschaft erklärte er nun unzweifelhaft:

»Staat und Gesellschaft, wie sehr auch jeder einzelne durch sie bestimmt sein mag, wie sehr die Arbeit, die Verhältnisse, die Institutionen die Eigenschaften der Individuen prägen, sind um der Individuen willen da, nicht umgekehrt. Empirische Freiheit ist Bedingung der Handlung, die moralisch heißt.«[27]

Was weiter oben gesagt worden ist, daß Horkheimers Philosophie eine Theodizee sei, wird nun immer deutlicher:

»Ohne Gedanken an die Wahrheit und damit an das, was sie verbürgt, ist kein Wissen um ihr Gegenteil, die Verlassenheit der Menschen, um deretwillen die wahre Philosophie kritisch und pessimistisch ist, ja nicht einmal die Trauer, ohne die es kein Glück gibt.«[28]

Das Andere, die absolute Wahrheit, wird also nicht abstrakt negiert, sondern sie ist selber bestimmte Negation dessen, was auf Erden Ungerechtigkeit, menschliche Verlassenheit und Entfremdung heißt: Ohne Gedanken an ein unausdenkbar unendliches Glück gibt es nicht einmal das Bewußtsein des irdischen vergänglichen Glücks, das im Blick auf seine unaufhebbare Vergänglichkeit niemals ohne Trauer sein kann.

Konsequent versucht Horkheimer nun, die Tradition der abendländischen Philosophie fortzusetzen, die für ihn dadurch gekennzeichnet war, daß sie die Aufgabe hatte, »die christliche Lehre, zumindest ihre Postulate, durch rationale, der Wissenschaft verwandte Methoden zu stützen«.

»Wahrheit als emphatische, menschlichen Irrtum überdauernde, läßt aber vom Theismus sich nicht schlechthin trennen. Sonst gilt der Positivismus, mit dem die neueste Theologie bei allem Widerspruch verbunden ist. Nach ihm heißt Wahrheit Funktionieren von Berechnungen, Gedanken sind Organe, Bewußtsein wird jeweils so weit überflüssig, wie die zweckmäßigen Verhaltensweisen, die durch es vermittelt war, im Kollektiv sich einschleifen. Einen unbedingten Sinn zu retten ohne Gott, ist eitel. Ohne Berufung auf ein Göttliches verliert die gute Handlung, die Rettung des ungerecht Verfolgten ihre Glorie, es sei denn, sie entspräche dem Interesse eines Kollektivs diesseits und jenseits der Landesgrenzen.«[29]

Rein wissenschaftlich, so meint Horkheimer, läßt sich Moral nicht ableiten, denn positivistisch gesehen ist zwischen Haß und Liebe kein Unterschied.

»Was der Jugend an moralischen Impulsen übermittelt wird, auch insofern sie frei von Konfessionen mit bewußtem Atheismus zusammengehen, ohne Hinweis auf ein Transzendentes wird es zur Sache von Geschmack und Laune wie das Gegenteil.«[30]

Wenn man noch Zweifel haben sollte, ob Horkheimer das Transzendente als wirklich Transzendentes auch meint, so genügt zu ihrer Beseitigung der Hinweis auf seine Kritik an der protestantischen wie auch der modernen katholischen Theologie.

»Der Tradition gemäß, jedoch in neuem Sinn, versucht die Kirche an der Gestaltung der Gesellschaft selber mitzuwirken. Ihre Anstrengung, der Zeit sich anzupassen, erscheint noch als bescheiden den Konsequenzen gegenüber, die von protestantischen Theologen bereits gezogen worden sind. Bei ihnen schwindet nicht nur jeder mögliche Konflikt mit Wissenschaft, die in ihrer positivistischen Gestalt ihn ohnehin vermeidet, sondern noch mit jedem inhaltlichen Grundsatz der Moral. Ja, die Behauptung, daß Gott als Person, gar als Dreieinigkeit, wirklich existiert, von einem Jenseits ganz zu schweigen, gilt als bloßer Mythos.

Nach einer populären Schrift von John Robinson, dem anglikanischen Bischof, ›Honest to God‹, die im Augenblick in vielen Ländern zur Debatte steht, ist ›die ganze Vorstellung eines Gottes, der in der Person seines Sohnes die Erde besucht, so mythisch wie der Prinz im Märchen‹. Das supranaturalistische Schema etwa, zu dem die Weihnachtsgeschichte und die entsprechenden Erzählungen gehören, kann, so heißt es dort, ›ganz legitim‹, als Mythos überleben und seinen Platz einnehmen. Der Grund, warum es überleben soll, sei nur, die geistige Bedeutung jedes Lebens anzuzeigen. Wenn auch in simpler Form, spricht Robinson Gedanken von Paul Tillich und anderen philosophischen Theologen aus: Die Erzählungen der Bibel sind symbolisch. Wenn das Neue Testament, sagt Robinson, erklärt, Gott war in Christus und das Wort war, was Gott war, so bedeutet das nichts anderes, als daß Gott die letzte ›Tiefe‹ unseres Seins, das Unbedingte im Bedingten ist. Das sogenannte Transzendente, Gott, die Liebe, wie immer man es nennen möge, ›ist nicht draußen, es wird in, mit, unter dem Du aller endlichen Beziehungen, als ihre letzte Tiefe, ihr Grund, ihre Bedeutung angetroffen... Indem die fortgeschrittenen protestantischen Theologen noch dem Verzweifelten ermöglichen, sich Christ zu nennen, klammern sie das Dogma ein, ohne dessen Geltung ihre eigene Rede nichtig ist. Zugleich mit dem Gedanken an Gott stirbt auch der Gedanke an eine absolute Wahrheit.«[31]

Diese Sätze schrieb Horkheimer 1963, als ihm noch niemand den unberechtigten Vorwurf machte, er sei nun in eine »religiöse Spätphase« eingetreten. Daß man ihm dies erst vorwarf, als »Der Spiegel« im Januar 1970 ein Interview mit ihm veröffentlichte, gehört möglicherweise zu den seltsamen Absonderheiten unserer Zeit.

Freilich, bei all dem darf eines nicht übersehen werden. Horkheimer hat niemals die Existenz eines transzendenten Gottes postuliert. Theologie ist für ihn nicht die Wissenschaft von Gott, sondern nur Ausdruck einer Sehnsucht. Mit gleicher Entschiedenheit hat er aber auch alle Versuche abgelehnt, die Sehnsucht nach Ewigkeit zu verweltlichen.

»Die letzte Rückzugsposition der protestantischen Theologie sucht, unbeirrt vom philosophischen Dilemma, die Idee zu retten, daß das individuelle Leben seine nur ihm eigene Bedeutung hat. Es komme darauf an, im weltlichen Leben mehr als Weltliches zu meinen. Das Mehr sei Liebe. Der Grund, warum die Liebe als Bestimmung des Nichtbestimmbaren erhalten bleibt, ist offensichtlich die Erinnerung an das Erbe. Liebe jedoch als Abstraktum, wie es in den neuen Schriften auftritt, bleibt so dunkel wie der verborgene Gott, an dessen Stelle es treten soll.«[32]

So erscheint Horkheimer eher als Verbündeter der konservativen Theologen und als Gegner moderner Theologie. Tatsächlich jedoch ist er weder das eine noch das andere. Ebenso wie er anläßlich der Pillenenzyklika Paul VI. seine Aufgabe als kritischer Theoretiker darin sah, auf den Preis hinzuweisen, der für diesen ›Fortschritt‹ von der Gesellschaft bezahlt werden muß, ebenso ist er der Überzeugung, daß die moderne Theologie, indem sie einen Pakt mit der Wissenschaft schließt, indem sie den Gott des Kirchenraumes in die Welt vertreibt, zum Ende der Religion beiträgt.

Doch auch dies darf nicht mißverstanden werden. Religion ist für Horkheimer die dem Menschen eigene Sehnsucht nach vollendeter Gerechtigkeit, die es auf dieser Welt nicht gibt, die es auf dieser Welt nicht geben kann. Deshalb muß sie transzendent sein, die Welt übersteigen, im ganz »Anderen« ihre Heimat haben. Was bedeutet bei Horkheimer dieses »ganz Andere«? Zunächst verbindet sich bei ihm mit diesem Begriff das Gebot des Alten Testaments: »Du sollst dir kein Schnitzbild machen, kein Bild von dem, was oben im Himmel oder unten auf der Erde oder im Wasser unter der Erde ist.« Aus diesem Gebot entstand zuerst in der jüdischen Theologie die Lehre, daß Gott immer nur als das unbegreifliche Geheimnis anerkannt werden kann. Diese Meinung hat sich auch noch im Christentum fortgesetzt, und Thomas von Aquin hat daraus den Kernsatz der »Negativen Theologie« formuliert: »Was Gott ist, wissen wir nicht.«

In der Neuzeit übernahm der philosophische Agnostizismus diese Auffassung. Er erklärte das Übersinnliche für schlechthin unerkennbar und hielt eine rationale Gotteserkenntnis für unmöglich. In diesem Sinne war auch Kant Agnostiker.

Im theologischen Bereich entwickelten vor allem Karl Barth und Rudolf Bultmann aus dem Agnostizismus die sogenannte Dialektische Theologie, nach der Gott als das »ganz Andere« durch die natürliche Vernunft nicht einmal in analoger Weise erkannt werden kann.

Im Begriff des »ganz Anderen« bei Horkheimer treffen jüdische Negative Theologie und philosophischer Agnostizismus zusammen und vereinen sich zur »Sehnsucht nach dem ganz Anderen«.

Gleichwohl verlangt diese Sehnsucht nach ganz konkreten Ausdrucksformen. Diese sind für Horkheimer die Vorschriften und Gebote, der Kultus. In der Beachtung der Gebote, im Einhalten der Vorschriften bewahrt der religiöse Mensch seine Sehnsucht. Die Synagoge oder die Kirche ist für ihn der Ort, an dem die Menschen durch kultische Handlungen versuchen, ihre Sehnsucht nach Gott zu konkretisieren.

Eine Liberalisierung des Kultischen, des »Kirchenraumes«, und so ist Horkheimers Aussage über die moderne Theologie zu verstehen, entzieht der Sehnsucht die Möglichkeit sich auszudrücken. Der Verzicht auf Transzendenz, auf den »Anderen« entzieht ihr jede mögliche Rechtfertigung.

Horkheimers Sehnsucht nach vollendeter Gerechtigkeit, seine Überzeugung, daß sie sich auf dieser Welt nicht verwirklichen läßt, wird durch ein gerade für uns Deutsche erstaunliches wie zugleich ergreifendes Dokument deutlich.

Als Adolf Eichmann vom israelischen Geheimdienst in Südamerika aufgespürt und nach Israel gebracht wurde, schrieb Horkheimer 1960 einen erst sieben Jahre später veröffentlichten Aufsatz:

»Daß die formellen Gründe für das Verfahren unhaltbar sind, ist offenbar. Weder hat Eichmann in Israel gemordet noch kann Israel wollen, daß die Ergreifung politischer Verbrecher in dem Asyl, das sie zu Recht oder Unrecht gefunden haben, zur Regel wird. Strafe ist ein Mittel, durch das ein bestimmter Staat in seinen Grenzen die Achtung vor dem Gesetz erzwingt, ihr Zweck ist Abschreckung. Alle anderen Straftheorien sind schlechte Metaphysik. Anzunehmen, daß Strafe in Israel die möglichen Nachfolger Eichmanns abzuschrecken vermag, ist Wahnsinn. Was immer Eichmann in Israel geschehen wird, beweist die Ohnmacht, nicht die Macht der ihres Rechts bewußten Juden, die Anmaßung, nicht die Bekundung staatlicher Autorität. Jeder weiß, daß man den Zugriff im fremden Land, der an Methoden anderer Staaten als Israel gemahnt, im Hinblick auf die politische Konstellation im Augenblick noch einmal hingehen ließ... Als letzten oder ersten Grund für den Prozeß, gleichsam als selbstverständlich menschliche Notwendigkeit, hört man die Sühne nennen. Ich hege tiefes Mißtrauen gegen das Wort. Es scheint mir finstere Regungen zu decken, einer fremden Welt zu entstammen, erinnert an Mittelalter und Inquisition. Die Vorstellung jedoch, daß Eichmann seine Taten ›sühnen‹ könne nach menschlichem Urteil und Richterspruch, ist ein Hohn auf die Opfer, ein grauenvoll grotesker Hohn. Eher verstünde ich den eingestandenen Willen, Rache zu üben, so arm sie angesichts der Taten bleiben müßte. Hätte einer, der durch Hitlers Herrschaft Vater und Mutter verlor, dem Schurken in Argentinien aufgelauert und ihn auf offener Straße umgebracht, er wäre kein Taktiker oder Pädagoge gewesen, sondern einer, dem jeder es nachfühlen könnte. Der Prozeß in Israel, wie raffiniert man ihn auch vorbereitet, ja, weil man ihn so umsichtig inszeniert, widerspricht dem richtigen Impuls.«[33]

In gleichem Maße wie Horkheimer vollendete Gerechtigkeit auf dieser Welt für nicht realisierbar hält, negiert er auch die Möglichkeit einer Verwirklichung innerweltlicher Paradiese, zumal diese Utopien, ohne Bezug auf ein Transzendentes, in terroristischen Systemen erstarren.

»Seit den Jahren nach dem Zweiten Weltkrieg ist die Vorstellung zunehmenden Elends der Arbeiter, aus dem nach Marx die Empörung, die Revolution, als Übergang zum Reich der Freiheit, hervorgehen sollte, über lange Perioden hin abstrakt und illusorisch geworden, zumindest so veraltet wie die Ideologien, die von der Jugend verachtet werden. Die Existenzbedingungen für Handarbeiter wie für Angestellte, zur Zeit des Kommunistischen Manifests Ergebnis krasser Unterdrückung, bilden in der Gegenwart Motive für gewerkschaftliche Organisation, für die Auseinandersetzung leitender Gruppen in Wirtschaft und Politik. Längst ist proletarisch revolutionärer Wille übergegangen in gesellschaftsimmanente, realitätsgerechte Aktivität. Zumindest dem subjektiven Bewußtsein nach ist das Proletariat integriert.

Die Lehre von Marx und Engels, noch immer unerläßlich zum Verständnis gesellschaftlicher Dynamik, reicht zur Erklärung der inneren Entwicklung wie der äußeren Beziehungen der Nationen, nicht mehr aus. Der scheinbar oppositionelle Anspruch, aggressive Begriffe wie Klassenherrschaft und Imperialismus auf kapitalistische Staaten allein und nicht ebensosehr auf angeblich kommunistische zu beziehen, steht zu den Impulsen, die nach wie vor mich bestimmen, nicht weniger im Gegensatz als die entsprechenden Vorurteile der Anderen. Sozialismus, die Idee inhaltlich verwirklichter Demokratie, wurde in den Ländern des Diamat längst zum Instrument der Manipulation pervertiert, wie in den blutigen Jahrhunderten der Christenheit das christliche Wort.«[34]

Der nach Deutschland heimgekehrte und in manchen Augen bekehrte Horkheimer wird geehrt und verehrt. In der Frankfurter Stadtbibliothek wird eine Büste von ihm aufgestellt, die Stadt verleiht ihm für seine Verdienste um die Universität die Goetheplakette und im Jahre 1960 das Ehrenbürgerrecht.

Seine Studenten verehren ihn. Er lobt sie, weil sie »den Parolen, die man in ihre Köpfe hämmerte, nicht in dem Maße zum Opfer gefallen sind«, wie er es erwartet hatte, und er fordert sie auf, sich ihrer Verantwortung für die Gesellschaft bewußt zu werden. »Wenn man nicht sprechen kann, ohne zur Verantwortung gezogen zu werden, dann verkümmert die Verantwortung. Die Vaterlandsliebe des Akademikers erweist sich darin, daß er dem eigenen Volke die Wahrheit sagt, auch wenn er damit allein steht.«[35]

Viele junge Menschen sehen in der kritischen Theorie das Rezept für eine Rebellion gegen das Bestehende. Nicht ohne Sorge beobachtet Horkheimer diese Entwicklung:

»Aus kritischer Theorie Konsequenzen für politisches Handeln zu ziehen, ist die Sehnsucht derer, die es ernst meinen; jedoch besteht kein allgemeines Rezept, es sei denn die Notwendigkeit der Einsicht in die eigene Verantwortung. Unbedachte und dogmatische Anwendung kritischer Theorie auf die Praxis in der veränderten historischen Realität vermöchte den Prozeß, den sie zu denunzieren hätte, nur zu beschleunigen.«[36]

Für ihn ist dieser Protest ein »Aufbegehren gegen den Vater«.

»Als ich jung war, war ein Vater jemand, an den man sich als Vorbild hielt, den man nachzuahmen suchte und dessen Autorität man ebenfalls zu erwerben wünschte. Die Technik hat jedoch alles verändert: Der junge Mann weiß mehr als der ältere, er findet sich schneller zurecht als sein Vater, hat ihm gegenüber Vorteile. Das Vaterbild nachzuahmen, ist kein Ideal mehr. Zudem, ich sage das mit Bedauern, existiert die Idee Gottes nicht mehr als Vater, als Weisester und Ältester, als Wesen, dessen Alter genügte, um respektiert zu werden. Im Christentum sind Vater und Sohn eins, heute jedoch ist diese Einheit zerbrochen.«[37] Und den radikalen unter den rebellierenden Studenten hält er vor:

»Die begrenzte, ephemere Freiheit des Einzelnen im Bewußtsein ihrer zunehmenden Bedrohung zu schützen, zu bewahren, womöglich auszudehnen, ist weit dringlicher, als sie abstrakt zu negieren oder gar durch aussichtslose Aktionen zu gefährden. In totalitären Ländern geht es der kämpfenden Jugend um eben die Autonomie, die in den nicht-totalitären in permanenter Bedrohung steht. Mit welchen Argumenten auch immer dem Vormarsch totalitärer Bürokratie von links Hilfe zu leisten, ist pseudorevolutionär, die Neigung zum Terrorismus von rechts, pseudokonservativ. Wie neueste Geschichte bezeugt, sind beide Tendenzen einander ähnlicher als den Ideen, auf die sie sich berufen. Andererseits ist wahrer Konservatismus, der geistige Überlieferung wirklich ernst nimmt, revolutionärer Gesinnung, die sie nicht einfach verneint, sondern aufhebt, verwandter als dem Rechtsradikalismus, der ihnen das Ende bereitet.«[38]

Zudem sah Horkheimer, daß die »immanente Logik der Geschichte« auf die »verwaltete Welt« zutrieb.

»Der Schrecken, mit dem der Lauf zur rationalisierten, automatisierten, verwalteten Welt sich vollzieht, einschließlich Offiziersrevolten oder Infiltrationen in umstrittenen Ländern sowie der Verteidigung dagegen, gehört zum Kampf der Blöcke zur Zeit der internationalen technischen Angleichung. Die Epoche tendiert zur Liquidation alles dessen, was mit der, wenn auch relativen Autonomie des Einzelnen zusammenhing. Der Bürger im Liberalismus vermochte, in bestimmten Grenzen seine Kräfte zu entfalten, in gewissem Maß war sein Schicksal Resultat der eigenen Aktivität. Solche Möglichkeit auf alle auszubreiten, war das Postulat von Freiheit und Gerechtigkeit. In der Bewegung der Gesellschaft pflegt die Steigerung der einen mit der Verminderung der anderen bezahlt zu werden; die zentrale Regelung des Lebens, die jede Einzelheit planende Verwaltung, sogenannte strikte Rationalität, erweist sich als historischer Kompromiß. Schon zur Zeit des Nationalsozialismus war ersichtlich, daß totalitäre Lenkung nicht bloß Zufall, sondern ein Symptom des Ganges der Gesellschaft war. Perfektionierung der Technik, Ausbreitung von Verkehr und Kommunikation, Vermehrung der Bevölkerung treiben zur straffen Organisation.

Widerstand, verzweifelt wie auch immer, ist denn auch selbst in den Lauf der Dinge einbegriffen, den er ändern soll. Das Erkannte auszudrücken und dadurch vielleicht zu helfen, neuen Terror abzuwenden, bleibt gleichwohl das Recht des noch lebendigen Subjekts.«[39]

Das Interview

»In einer wirklich freiheitlichen Gesinnung bleibt jener Begriff des Unendlichen als Bewußtsein der Endgültigkeit des irdischen Geschehens und der unabänderlichen Verlassenheit des Menschen erhalten und bewahrt die Gesellschaft vor einem blöden Optimismus, vor dem Aufspreizen ihres eigenen Wissens als einer neuen Religion.«

Diesen Satz schrieb Max Horkheimer vor 35 Jahren im amerikanischen Exil. Er war damals seit über einem Jahr in New York. Noch galt er zu der Zeit als Marxist, als Begründer einer Theorie, die gesellschaftliches Wirken als Produktionsprozeß zu begreifen versuchte, die Philosophie als Kampf und nicht als weltferne Spekulation verstand, die von einer Revolution eine heile Welt, den vernünftigen Zustand der Gesellschaft erwartete.

H. G.: Herr Horkheimer, wie kommt ein Marxist, ein Revolutionär dazu, einen solchen Satz zu schreiben?

MAX HORKHEIMER: Es stimmt, ich war Marxist, ich war Revolutionär. Ich habe nach dem Ersten Weltkrieg begonnen, mich mit Marx zu beschäftigen, weil die Gefahr des Nationalismus offenkundig war. Ich glaubte, nur durch eine Revolution könnte der Nationalsozialismus beseitigt werden und zwar durch eine marxistische Revolution. Mein Marxismus, mein Revolutionärsein war eine Antwort auf die Herrschaft des Totalitären von rechts. Ich hatte aber schon damals Zweifel, ob die von Marx verlangte Solidarität des Proletariats schließlich zu einer richtigen Gesellschaft führen würde.

Marx ging von der Unterdrückung des Proletariats aus und verlangte, daß sich die Proletarier dieser Situation bewußt werden müssen. Dann würden sie entdecken, daß sie ein gemeinsames Interesse haben: die radikale Beseitigung der Unterdrückung.

In diesem Punkt hat sich Marx aber getäuscht. Die soziale Lage des Proletariats hat sich ohne Revolution verbessert, und das gemeinsame Interesse ist nicht mehr die radikale Veränderung der Gesellschaft, sondern nur noch eine bessere materielle Gestaltung des Lebens.

Es gibt aber eine Solidarität, und das versuchte ich in dem Satz, den Sie zitiert haben, anzudeuten, die nicht bloß die Solidarität einer bestimmten Klasse ist, sondern die alle Menschen verbindet. Ich meine die Solidarität, die sich daraus ergibt, daß die Menschen leiden müssen, daß sie sterben, daß sie endliche Wesen sind.

Insofern sind wir alle eins, haben wir alle ein

originär menschliches Interesse daran, eine Welt zu schaffen, in der das Leben aller Menschen schöner, länger, besser, leidensfreier und, wie ich noch hinzufügen würde — woran ich aber nicht wirklich glauben kann —, wir sollten das Interesse haben, eine Welt zu schaffen, die für die Entfaltung des Geistes günstiger ist.

H. G.: Sie sprechen von der Endlichkeit des Menschen. Damals sprachen Sie vom Begriff des Unendlichen, der sich als Bewußtsein der Endgültigkeit erhalte. Vor einigen Jahren haben Sie in einem Aufsatz über Schopenhauer geschrieben: »Ohne Gedanken an die Wahrheit und damit an das, was sie verbürgt, ist kein Wissen um ihr Gegenteil, die Verlassenheit der Menschen, um deretwillen die wahre Philosophie kritisch und pessimistisch ist, ja nicht einmal die Trauer, ohne die es kein Glück gibt«.

Bedeutet das, weil wir wissen, daß wir endliche Wesen sind, daß wir sterben müssen, wissen wir auch, daß es das Unendliche gibt, daß Gott existiert?

MAX HORKHEIMER: Nein, so kann man es nicht sagen. Wir können die Existenz Gottes nicht beweisen. Das Bewußtsein unserer Verlassenheit, unserer Endlichkeit ist kein Beweis für die Existenz Gottes, sondern es kann nur die *Hoffnung* hervorbringen, daß es ein positives Absolutes gibt. Angesichts des Leidens auf dieser Welt, an-

gesichts des Unrechts ist es doch unmöglich, an das Dogma von der Existenz eines allmächtigen und allgütigen Gottes zu glauben.
Ausdrücklich gesagt: Das Wissen um die Verlassenheit des Menschen ist nur möglich durch den Gedanken an Gott, aber nicht durch die absolute Gewißheit Gottes.

H. G.: Was ist das für ein Gott, an den zu denken im Menschen das Bewußtsein der Verlassenheit hervorruft?

MAX HORKHEIMER: Dazu möchte ich sagen, daß wir über Gott eben nichts aussagen können. Das ist nicht nur, wie Sie vielleicht vermuten werden, eine Behauptung, die auf mein Judentum zurückgeht, sondern ein entscheidender Grundsatz der Kritischen Theorie. Wir können das Absolute nicht darstellen, wir können, wenn wir vom Absoluten reden, eigentlich nicht viel mehr sagen als dies: Die Welt, in der wir leben, ist eine relative. Aber lassen Sie mich noch etwas anderes sagen. Hätten wir die absolute Gewißheit, daß es einen Gott gibt, dann wäre unser Wissen von der Verlassenheit des Menschen ein Trug, dann könnten wir dieses Wissen eigentlich nicht haben.

H. G.: Sie sprachen vom Judentum. Worin besteht der Zusammenhang mit der Kritischen Theorie?

Max Horkheimer: Der fromme Jude zögert zum Beispiel, wenn er das Wort »Gott« schreiben soll. Er macht dafür einen Apostroph, weil für ihn Gott das »Unnennbare« ist, weil sich »Gott« nicht einmal in einem Wort darstellen läßt.

H. G.: Aber diese Scheu, Gott darzustellen, geht doch zurück auf das göttliche Gebot, das nach der Bibel dem Moses auf dem Berge Sinai verkündet worden ist: Du sollst dir kein Bild von Gott machen.

Max Horkheimer: Natürlich ist es das. Aber sollten wir uns nicht fragen, warum es dieses Gebot gibt? Keine andere Religion außer dem Judentum kennt diese Vorschrift.
Ich glaube dieses Gebot gibt es deshalb, weil es in der jüdischen Religion nicht so sehr darauf ankommt, wie Gott ist, sondern wie der Mensch ist.
Ich denke an den Briefwechsel zwischen Paul Claudel und André Gide, in dem Claudel versucht, Gide zum Christentum zu führen. Gide schreibt darin an Claudel, daß es ihm unmöglich sei, an die Dogmen des Christentums zu glauben, und Claudel antwortet ihm etwa in dem Sinne:
Dann glaub es eben nicht, aber gehe in die Kirche und tue alles, was vorgeschrieben ist, dann wird es schon recht werden.
Ähnlich denken die Juden, die jahrtausende-

lang all die Vorschriften gehalten haben. Ein Rabbi mag vielleicht sagen: Lasse mich mit dem Glauben in Ruhe, aber tue, was vorgeschrieben ist.

Das Judentum steht deswegen auch dem Katholizismus viel näher als dem Protestantismus, weil im Katholizismus das Tun eine viel entscheidendere Rolle spielt als der Glaube. Der Begriff des Glaubens ist eigentlich eine Erfindung des Protestantismus, um einerseits die Wissenschaft, andererseits den Aberglauben nicht als die einzige Alternative gelten zu lassen. Um die Religion zu retten, hat man ein Drittes gefunden, den Glauben.

Für das Judentum hat es dieses Problem nie gegeben. Die Vorschriften bestimmen das gesamte Leben des frommen Juden. Das hat das Judentum zusammengehalten, denn ganz gleich, wohin ein Jude kam, seine Glaubensbrüder lebten nach denselben Geboten.

H. G.: Entscheidend ist also, wenn ich es zuspitzen darf, die eigene Haltung, das Tun; unwichtig ist, ob es einen Gott gibt, ob ich an ihn glaube oder nicht glaube.

MAX HORKHEIMER: Dialektisch gesehen ist es wichtig und unwichtig zugleich. Unwichtig deshalb, weil, wie ich schon gesagt habe, wir über Gott nichts sagen können, und die Lehre der christlichen Religion, daß es einen allmächtigen und allgütigen Gott gibt angesichts des Leidens, das seit Jahrtausenden auf dieser Erde herrscht, kaum glaubhaft ist.

Wichtig ist es deshalb, weil hinter allem echten menschlichen Tun die Theologie steht. Denken Sie daran, was wir, Adorno und ich, in der »Dialektik der Aufklärung« geschrieben haben. Es heißt dort: Politik, die, sei es höchst unreflektiert, Theologie nicht in sich bewahrt, bleibt, wie geschickt sie sein mag, letzten Endes Geschäft.

H. G.: Was bedeutet hier aber Theologie?

Max Horkheimer: »Ich will versuchen, das zu erklären. Vom Standpunkt des Positivismus aus gesehen, läßt sich keine moralische Politik ableiten. Rein wissenschaftlich betrachtet, ist der Haß, bei aller sozial-funktionellen Differenz nicht schlechter als die Liebe. Es gibt keine logisch zwingende Begründung dafür, warum ich nicht hassen soll, wenn ich mir dadurch im gesellschaftlichen Leben keine Nachteile zuziehe.«

H. G.: Der Positivist kann also, wenn ich Sie recht verstanden habe, etwa im Sinne George Orwells sagen: Krieg ist so gut oder so schlecht wie Frieden, Freiheit ist so gut oder so schlecht wie die Sklaverei, die Unterdrückung.

Max Horkheimer: Das ist absolut richtig, denn wie läßt es sich exakt begründen, daß ich, wenn es mir Spaß macht, nicht hassen soll. Der Positivismus findet keine die Menschen transzendierende Instanz, die zwischen Hilfsbereitschaft und Profitgier, Güte und Grausamkeit, Habgier und Selbsthingabe unterschiede. Auch die Logik bleibt stumm, sie erkennt der moralischen Gesinnung keinen Vorrang zu. Alle Versuche, die Moral anstatt durch den Hinblick auf ein Jenseits auf irdische Klugheit zu begründen — selbst Kant hat dieser Neigung nicht immer widerstanden —, beruhen auf harmonistischen Illusionen. Alles, was mit Moral zusammenhängt, geht letzten Endes auf Theologie zurück, alle Moral, zumindest in den westlichen Ländern, gründet in der Theologie — wie sehr man sich auch bemühen mag, die Theologie behutsam zu fassen.

H. G.: Nochmal meine Frage, Herr Horkheimer: Was bedeutet hier Theologie?

MAX HORKHEIMER: Auf keinen Fall steht Theologie hier für die Wissenschaft vom Göttlichen oder gar für die Wissenschaft von Gott.
Theologie bedeutet hier das Bewußtsein davon, daß die Welt Erscheinung ist, daß sie nicht die absolute Wahrheit, das Letzte ist. Theologie ist — ich drücke mich bewußt vorsichtig aus — die Hoffnung, daß es bei diesem Unrecht, durch das die Welt gekennzeichnet ist, nicht bleibe, daß das Unrecht nicht das letzte Wort sein möge.

H. G.: Theologie als Ausdruck einer Hoffnung?

Max Horkheimer: Ich möchte lieber sagen: Ausdruck einer Sehnsucht, einer Sehnsucht danach, daß der Mörder nicht über das unschuldige Opfer triumphieren möge.

H. G.: Das ist unchristlich. Auch der Christ hofft auf Gerechtigkeit, auf Bestrafung der Bösen und die Glückseligkeit für die Guten.

Max Horkheimer: »Urchristlich und urjüdisch, doch mit einem entscheidenden Unterschied.
Die Märtyrer des Christentums haben alle furchtbaren Qualen leichter erduldet, weil sie geglaubt haben, ihr irdisches Dasein sei nur ein kurzer Durchgang in die ewige Seligkeit, der sie persönlich teilhaftig werden — das ist besonders wichtig.
Ganz anders der jüdische Märtyrer. Er hat zumindest nicht notwendig daran geglaubt, etwas für sich persönlich zu erreichen, sondern er war der Überzeugung, in seinem Volk weiterzuleben. Die jüdischen Märtyrer opferten ihr Leben nicht für ihr eigenes Heil, sondern für das Heil des Volkes.
Im Judentum spielt der Einzelne nicht die große Rolle wie im Christentum. Wenn Sie das Alte Testament lesen — ich denke vor allem an die ersten fünf Bücher Mose — dann finden Sie dort, daß das Wort »Du« sowohl auf den Einzelnen

wie auf das ganze Volk zutrifft, ohne daß man es eindeutig trennen könnte.

Es ist doch auch durchaus möglich, daß die Übersetzung »Liebe deinen Nächsten wie dich selbst« nicht ganz die richtige ist, sondern daß es eigentlich heißen müßte, und eine meiner Schülerinnen hat darüber ihre Doktorarbeit geschrieben: »Liebe deinen Nächsten, er ist wie du.«

H. G.: Mit der religiösen Bindung an das Volk, an ein bestimmtes Volk, mußte das Christentum doch aber brechen, um seinen Anspruch zu wahren, die Religion zu sein, durch die alle Menschen das Heil erreichen. Es gab ja im Urchristentum Auseinandersetzungen darüber, ob die anderen Völker missioniert werden sollten.

MAX HORKHEIMER: Das ist richtig. Das Christentum hat deshalb auch eine Reihe von Konzessionen machen müssen.

Die Griechen und Römer waren — um ein Beispiel zu nennen — Polytheisten, sie glaubten an viele Götter. Das Christentum behauptete demgegenüber, es gibt nur einen Gott, aber, und das war ungeheuer wichtig, in drei Personen.

Ich glaube, daß das Christentum, zumindest in den Anfängen, der Versuch war, das Judentum zu verbreiten. Es war deshalb besonders wichtig, Kompromisse zu schließen mit den religiösen Vorstellungen der anderen Völker, und einer davon war eben der Versuch, den Monotheismus mit dem Polytheismus zu verbinden.

H. G.: Glauben Sie nicht, daß die Lehre von der Trinität, von den drei Personen und einem Gott, eher der Versuch war, den jüdischen Monotheismus mit der Vorstellung zu verbinden, daß Christus Gottes Sohn war? Das war für das Christentum sehr wichtig, denn Christus als Sohn Gottes lieferte den Beweis, daß das Gute in diese Welt von Gott kommen muß.

MAX HORKHEIMER: Ich würde sagen, die Trinitätslehre war *auch* der Versuch, Christus als Sohn Gottes in den strengen jüdischen Monotheismus einzubeziehen. Doch ich möchte auf ihre zweite Bemerkung näher eingehen.

Sie sagten, das Gute muß von Gott kommen. Dem kann ich — und zwar orthodox-christlich wie orthodox-jüdisch — entgegenhalten, daß das Gute nicht bloß von Gott kommt. Denn Christen wie Juden glauben daran, daß Gott den Menschen nach seinem Ebenbilde geschaffen und der Mensch deshalb einen freien Willen hat. Wenn der Mensch das Gute tut, tut er es aus freiem Willen, genauso wie er aus freiem Willen das Schlechte tut, das ja auch nicht von Gott kommt.

Die großartigste Lehre in beiden Religionen, der jüdischen wie der christlichen, ist — ich berufe mich hier auf ein Wort Schopenhauers — die

Lehre von der Erbsünde. Sie hat die bisherige Geschichte bestimmt und bestimmt heute für den Denkenden die Welt. Möglich ist sie nur unter der Voraussetzung, daß Gott den Menschen mit einem freien Willen geschaffen hat.

Das Erste, was der Mensch tat, war, im Paradies diese große Sünde zu begehen, aufgrund deren die ganze Geschichte der Menschheit eigentlich theologisch zu erklären ist.

H. G.: Teilen Sie diese Ansicht Schopenhauers?

MAX HORKHEIMER: Ich bin auch in diesem Punkt ein Anhänger Schopenhauers. Auch ich glaube, daß die Lehre von der Erbsünde eine der bedeutendsten Theorien in der Religion ist.

Die Religion hatte doch eine gesellschaftliche Funktion, die sie heute verloren hat. Sie sagte nämlich: Wenn du das Gute tust im Sinne der Religion, dann wirst du belohnt werden, deine Seele wird in die Seligkeit eingehen; wenn du das Schlechte tust, wenn du sündigst, wirst du bestraft werden, dann wartet die Hölle auf dich. Das hat Schopenhauer natürlich geleugnet, aber er hat etwas Ähnliches gesagt. Für ihn wird derjenige, der das Schlechte tut, der mit seinem Willen zum Leben den Willen der anderen Individuen negiert, der sein Glück auf Kosten des Glücks der anderen sucht, wiedergeboren in irgendeiner Weise, ohne daß er um sein vorheriges Leben weiß. Er muß all die Leiden selber durchmachen, bis ihm wie einem wahren und echten Märtyrer, das Leid der anderen so nahe ist wie sein eigenes Leid, bis er Mitleid und Mitfreude empfinden kann.

Jetzt können Sie auch verstehen, warum Schopenhauer die Erbsünde eine so großartige Lehre nannte. Die Bejahung des eigenen Selbst, die Negation der anderen Individuen ist für Schopenhauer eigentlich die Erbsünde.

H. G.: Ich möchte auf eine Bemerkung von Ihnen zurückkommen, die mich erstaunt hat. Sie sagten, die Religion sei im Begriff ihre gesellschaftliche Funktion zu verlieren. Mir scheint, daß gerade heute die Religion versucht, eine gesellschaftliche Funktion im technischen Zeitalter zu finden. Ich denke an die neue Theologie, sowohl auf protestantischer wie auf katholischer Seite, die eine Liberalisierung der Religion zum Ziel hat.

MAX HORKHEIMER: Die moderne Liberalisierung der Religion führt, wie mir scheint, zum Ende der Religion. Es muß doch jeder, bewußt oder nur halbbewußt, die Überzeugung gewinnen, daß die Liberalisierung der Theologie der gängigen Politik entgegenkommt. Man macht Konzessionen, schließt Kompromisse, paktiert mit der Wissenschaft. Dabei kann uns doch die Wissenschaft nicht mehr sagen, als daß die Erde ein Mikro-Atom ist, ein Kügelchen schwebend im unendlichen Universum, ein Kügelchen mit einem Schimmelüberzug.

H. G.: Soll ihrer Meinung nach die Religion wieder zurückkehren zu Geboten und Verboten? Soll sie den Guten die Seligkeit im Paradies und den Bösen die Hölle verheißen?

MAX HORKHEIMER: Nein, das kann sie nicht. Sie kann aber dem Menschen bewußt machen, daß er ein endliches Wesen ist, daß er leiden und sterben muß; daß aber über dem Leid und dem Tod die Sehnsucht steht, dieses irdische Dasein möge nicht absolut, nicht das Letzte sein.
Vielleicht wird aber das, was ich unter der gesellschaftlichen Funktion der Religion verstehe, von der ich meine, daß sie verlorengegangen ist, durch das deutlich, was ich vor vielen Jahren geschrieben habe.
Im Gottesbegriff war lange Zeit die Vorstellung aufbewahrt, daß es noch andere Maßstäbe gebe als diejenigen, welche Natur und Gesellschaft in ihrer Wirksamkeit zum Ausdruck bringen. Aus der Unzufriedenheit mit dem irdischen Schicksal schöpft die Anerkennung eines transzendenten Wesens ihre stärkste Kraft. In der Religion sind die Wünsche, Sehnsüchte und Anklagen zahlloser Generationen niedergelegt. Je mehr aber im Christentum das Walten Gottes mit dem diesseitigen Geschehen in Einklang gebracht wurde, hat sich dieser Sinn der Religion

verkehrt. Schon dem Katholizismus galt Gott in bestimmter Hinsicht als Schöpfer der irdischen Ordnung, der Protestantismus führte den Weltlauf geradewegs auf den allmächtigen Willen zurück. Dadurch wird nicht nur das jeweilige irdische Regiment mit dem Scheine göttlicher Gerechtigkeit verklärt, sondern diese selbst auf die faulen Verhältnisse der Wirklichkeit heruntergebracht. Das Christentum hat in gleichem Maße die kulturelle Funktion, Idealen Ausdruck zu verleihen, eingebüßt, wie es zum Bundesgenossen des Staates geworden ist.

H. G.: Gerade das lehnen moderne Theologen heute ab. Die Kirchen wollen die Rolle einer kritischen Instanz in der Gesellschaft übernehmen, zumindest wünschen einige Theologen, daß sie es tun sollen. Über die schlechten irdischen Verhältnisse sollen die Gläubigen nicht mehr mit einem transzendenten Paradies hinweggetröstet werden, die Kirchen sollen zum Träger der Revolution werden.

Max Horkheimer: Ich möchte das in keiner Weise diskreditieren. Aber Sie sprechen jetzt von den Kirchen, ich sprach von der Religion. Religion kann man nicht säkularisieren, wenn man sie nicht aufgeben will. Es ist eine vergebliche Hoffnung, daß die aktuellen Diskussionen in der Kirche Religion erhalten werden, wie sie in ihrem Anfang lebendig war; denn der gute Wille, die Solidarität mit dem Elend und das Streben nach einer besseren Welt haben ihr religiöses Gewand abgeworfen.

H. G.: Bleibt also für die Religion nur die Sehnsucht nach dem Unendlichen?

MAX HORKHEIMER: Die Sehnsucht nach vollendeter Gerechtigkeit. Diese kann in der säkularen Geschichte niemals verwirklicht werden; denn selbst wenn eine bessere Gesellschaft die gegenwärtige soziale Unordnung ablösen würde, wird das vergangene Elend nicht gutgemacht und die Not in der umgebenden Natur nicht aufgehoben.

H. G.: Wir sprachen vorhin davon, daß hinter allem echten menschlichen Tun Theologie steht, daß alle Moral in der Hoffnung auf Gott gründet. Kann diese Sehnsucht aber ausreichen, um moralisches Handeln zu ermöglichen? Wir müssen, meine ich, nochmal zurück auf unser zentrales Thema. In einem Aufsatz zum 60. Geburtstag Adornos haben Sie geschrieben: »Einen unbedingten Sinn ohne Gott zu retten, ist eitel«. Heißt das nicht, moralisches Handeln muß sich auf Gott berufen können?

MAX HORKHEIMER: Nein, denn wir können uns nicht auf Gott berufen. Wir können nicht behaupten, es gebe einen allmächtigen Gott, der uns ständig vorhält, was gut und böse ist.

Doch ich möchte zunächst nochmal auf die Sehnsucht zu sprechen kommen. Vielleicht verstehen Sie, warum ich sie so betone, wenn ich Sie auf einen Aufsatz von mir aus dem Jahre 1933 hinweise. Damals habe ich versucht, ein Bild der Welt zu zeichnen, an dem ich bis heute kaum etwas ändern muß.

Der im Weltmaßstab sich austragende Kampf der großen ökonomischen Machtgruppen wird unter Verkümmerung guter menschlicher Anlagen, unter Aufbietung von Lüge im Inneren und Äußeren und unter Entwicklung eines unermeßlichen Hasses geführt. Die Menschheit ist in der bürgerlichen Periode so reich geworden, gebietet über so große natürliche und menschliche Hilfskräfte, daß sie geeinigt unter würdigen Zielsetzungen existieren könnte. Die Notwendigkeit, diesen allenthalben durchscheinenden Tatbestand zu verhüllen, bedingt eine Sphäre der Heuchelei, die sich nicht nur auf die internationalen Beziehungen erstreckt, sondern auch in die privatesten eindringt, eine Minderung kultureller Bestrebungen einschließlich der Wissenschaft, eine Verrohung des persönlichen und öffentlichen Lebens, so daß sich zum materiellen noch das geistige Elend gesellt. Nie stand die Armut der Menschen so in schreiendem Gegensatz zu ihrem möglichen Reichtum als gegenwärtig, nie waren alle Kräfte grausamer gefesselt als in diesen Generationen, wo die Kinder hungern

und die Hände der Väter Bomben drehen. Die Welt scheint einem Unheil zuzutreiben oder sich vielmehr schon in ihm zu befinden, das innerhalb der uns vertrauten Geschichte nur mit dem Untergang der Antike verglichen werden kann. Die Sinnlosigkeit des Einzelschicksals, die durch den Mangel an Vernunft, durch die bloße Natürlichkeit des Produktionsprozesses schon früher bedingt war, hat sich in der gegenwärtigen Phase zum eindringlichsten Kennmal des Daseins gesteigert. Jeder ist dem blinden Zufall preisgegeben.
Deshalb diese Sehnsucht nach vollendeter Gerechtigkeit.

H. G.: Sie sagten, wir können uns nicht auf Gott berufen, wir können nur sagen, daß wir endliche Wesen sind. Aber ist Endlichkeit zu begreifen ohne Wissen über das Unendliche?

MAX HORKHEIMER: Ohne etwas vom Unendlichen zu *wissen*, können wir sehr wohl unsere eigene Endlichkeit erkennen. Erfahren wir nicht Leid und Tod als Markierungen einer Grenze, als Zeichen unserer Beschränktheit, erleben wir nicht tagtäglich, daß wir so geworden sind, wie wir sind, geworden sind durch Vorgänge, für die wir gar nichts können?
Ich will Ihnen dafür ein Beispiel geben:
Wenn ein kleines Kind seine Arme nach der Mutter ausstreckt und die Mutter beantwortet die-

ses Verlangen nach ihr mit einer falschen Bewegung, gleichgültig und kalt, dann kann das den Charakter des Kindes, sein späteres Verhalten zur Welt entscheidend prägen; denn es wird verschreckt und zieht sich in sich zurück.

H. G.: Nochmal auf meine Frage zurück. Wie ist moralisches Handeln möglich?

Max Horkheimer: Auf Gott können wir uns nicht berufen. Wir können nur handeln mit dem inneren Gefühl, daß es einen Gott gibt.
Aber das ist nicht die einzige Quelle der Moral. Ich kann auch für einen Menschen etwas Gutes tun, in der bewußten oder unbewußten Erwartung, daß mein positives Handeln ihm gegenüber mein eigenes Leben schöner macht.

H. G.: Heißt das: Ich erwarte, eine höhere Instanz belohnt mein positives Handeln?

Max Horkheimer: Nein. Daß aus diesem Tun für den Anderen, daß aus dieser Hingabe an den Anderen für mich etwas Positives entsteht, hängt doch davon ab, ob der andere Mensch Freude an diesem Tun hat. Seine positiven Reaktionen, seine Freude über mein Tun machen erst mein eigenes Leben schöner. Denken Sie an Liebe und Freundschaft. Wenn der andere glücklich ist, bin auch ich glücklich.
Es muß also nicht notwendig der Gedanke an Gott sein, der mein Handeln gegenüber dem

anderen Menschen bestimmt, der meinem Handeln die Qualität verleiht, die wir Moral nennen. Es kann einfach die Tatsache sein, daß mein Leben, selbst wenn ich es für den anderen Menschen opfern muß durch die Reaktionen des Anderen verschönt wird.

Wenn ich heute an meine eigene Ehe zurückdenke, so muß ich sagen, daß viele schöne Züge dieser Ehe auf der soeben besprochenen Tatsache beruhten. Ja meine Ehe hat sich dann so gestaltet, daß nicht nur meine Frau ihr Leben für mich geopfert hätte, sondern daß sie für mich selbst zum Höchsten geworden ist. Diese Erfahrung ist auch der Grund, warum ich so kritisch über die an sich notwendige Auflösung der erotischen Liebe in der Gegenwart denke.

H. G.: Herr Horkheimer, Sie haben zum nicht geringen Erstaunen vieler ihrer Schüler und Freunde versucht, die Enzyklika des Papstes zu rechtfertigen, in der er den Katholiken den Gebrauch künstlicher geburtenregelnder Mittel untersagte. Der Papst berief sich dabei auf ein göttliches Gebot. Worauf haben Sie sich bei Ihrer Verteidigung des Verbotes berufen?

MAX HORKHEIMER: Die Kritische Theorie, und ich habe als kritischer Theoretiker gesprochen, hat eine doppelte Aufgabe. Sie will das, was verändert werden soll, bezeichnen, sie will aber auch das, was zu erhalten ist, nennen. Sie hat deshalb auch die Aufgabe, zu zeigen, welchen Preis wir für diese oder jene Maßnahme, für diesen oder jenen Fortschritt bezahlen müssen. Die Pille müssen wir mit dem Tod der erotischen Liebe bezahlen.

H. G.: Warum?

MAX HORKHEIMER: Liebe gründet in der Sehnsucht, in der Sehnsucht nach der geliebten Person. Sie ist nicht frei vom Geschlechtlichen. Je größer die Sehnsucht nach Vereinigung mit dem geliebten Menschen ist, um so größer ist die Liebe. Hebt man nun dieses Tabu des Geschlechtlichen auf, fällt die Schranke, die Sehnsucht weitgehend erzeugt, dann verliert die Liebe ihre Basis.

H. G.: Und dies meinen Sie, geschehe etwa durch die Pille?

MAX HORKHEIMER: Ja. Die Pille macht Romeo und Julia zu einem Museumsstück. Lassen Sie es mich drastisch sagen: Heute würde Julia ihrem Romeo erklären, daß sie nur noch schnell die Pille nehmen wolle und dann zu ihm komme.

H. G.: Aber ist die Pille, etwa im Hinblick auf die Dritte Welt, auf die unterentwickelten Länder in Afrika, Asien und Lateinamerika, im Hinblick auf das Damoklesschwert einer Überbevölkerung nicht ein Fortschritt?

MAX HORKHEIMER: Das leugne ich nicht. Ich halte es jedoch für meine Pflicht, den Menschen klarzumachen, daß wir für diesen Fortschritt einen Preis bezahlen müssen und dieser Preis ist die Beschleunigung des Verlustes der Sehnsucht, letztlich der Tod der Liebe.

H. G.: Unser Dialog kreist wieder um die Sehnsucht. Sie und Adorno haben auch von der Sehnsucht nach dem Anderen gesprochen...

MAX HORKHEIMER: Ich habe gerade in den letzten Tagen versucht, das zu erläutern: Für die Metaphysik gilt die von Kant am klarsten formulierte Kritik an allen Vorstellungen, die ein Anderes, der Erscheinung zugrunde liegendes, sie überschreitendes Absolutes, meinten bezeichnen zu können. Das positive solcher Ideen, vor allem die Existenz eines allmächtigen, allgütigen Gottes, zu der sowohl die Theologie als manche der großen Aufklärer sich bekannten, ist logisch nicht exakter zu begründen als der absolute Geist, der allgemeine Wille oder das Nichts. Wie auch immer ein die Welt der Erscheinung Transzendierendes, positiv oder negativ Unbedingtes, sich darstellt, es widerspricht der Einsicht, daß alle vom Verstand anerkannte Realität den intellektuellen Funktionen des Subjekts sich verdankt und somit selbst als fragwürdiges Moment der Erscheinung zu begreifen ist. Je weiter der Fortschritt, desto gefährdeter nicht nur der Glaube, sondern die wahre Sehnsucht nach einem Besseren. Ebendaher wird alles nicht rein positivistische Denken und Fühlen mehr und mehr zu einem Phänomen der Kindheitsperiode der Menschheit, die zu einem entscheidenden Faktor des bewußten und unbewußten Pessimismus der Gegenwart gehört.

H. G.: Das bedeutet, der Fortschritt gefährdet auch die Sehnsucht.

MAX HORKHEIMER: Ich bin mehr und mehr der Meinung, man sollte nicht von der Sehnsucht sprechen, sondern von der Furcht, daß es diesen Gott nicht gebe.

H. G.: Herr Horkheimer, man diskutiert heute sehr heftig darüber, ob in der kritischen Theorie eine Theologie verborgen ist. Kann man diese Frage mit ja beantworten?

MAX HORKHEIMER: Die kritische Theorie enthält zumindest einen Gedanken ans Theologische, ans Andere. Das bedeutet nicht, daß der Versuch, eine vernünftigere, das heißt gerechtere Gesellschaft zu schaffen negiert wird. Nur eben daß auch eine verhältnismäßig gerechte Ordnung, die ja, wie ich schon oft gesagt habe, mit der Einschränkung der Freiheit bezahlt wird, nicht das Letzte sei, sondern nur die plausible Ordnung des Bestehenden, unter anderem die Abschaffung sinnloser Grausamkeit.

Es ist doch bemerkenswert, daß der Niedergang der Religion fast synchron verläuft mit dem Beginn sozialer Revolutionen, mit dem Wunsch nach einer besseren Gestaltung des Lebens. Ich glaube, indem die Ideen der Auferstehung von den Toten, des Jüngsten Gerichts, des ewigen Lebens als dogmatische Setzungen negiert werden, wird das Bedürfnis des Menschen nach unendlicher Seligkeit ganz offenbar und tritt zu den schlechten irdischen Verhältnissen in Gegensatz.

H. G.: Karl Marx hat daraus seine Theorie vom Klassenkampf, von der Diktatur des Proletariats entwickelt.

MAX HORKHEIMER: Marx ist meinem Gefühl nach vom Messianismus des Judentums bestimmt worden, während für mich die Hauptsache blieb, daß Gott nicht darstellbar ist, daß aber dieses Nicht-Darstellbare der Gegenstand unserer Sehnsucht ist.

Ich habe deshalb auch gewisse Schwierigkeiten gehabt, wie ich die Gründung des jüdischen Staates in Israel anstatt in einer anderen Region beurteilen soll. In der Bibel heißt es doch, der Messias werde die Gerechten aller Völker nach Zion führen. Ich denke noch immer darüber nach, wie der Staat Israel, den ich bejahe, diese Prophezeiung heute exakt zu deuten hat. Ist Israel das biblische Zion?

So wie die Dinge sind, scheint mir die Lösung

darin zu liegen, daß die Verfolgung der Juden — und die gehört zu der Prophezeiung — trotz des Staates Israel weitergeht. Israel ist heute ein bedrängtes Land, wie die Juden immer bedrängt waren. Man hat daher Israel zu bejahen. Für mich ist entscheidend: Israel ist das Asyl für viele Menschen. Aber es scheint mir trotzdem nicht leicht, es heute mit den Voraussagen des Alten Testaments schlicht in Einklang zu bringen.

H. G.: Herr Horkheimer, wir haben vorher versucht, der verborgenen Theologie in ihrer kritischen Theorie auf die Spur zu kommen, wir haben versucht, die Instanz für moralisches Handeln zu finden. Könnte nicht diese Instanz das Gewissen sein?

MAX HORKHEIMER: Ganz bestimmt war das Gewissen eine solche Instanz. Ich sage bewußt: *war*, denn ich fürchte, daß es heute schon in Frage gestellt ist.

Freud lehrt, daß das Gewissen im Menschen entsteht durch die Autorität des Vaters. Indem die Kinder vom Vater täglich hören: »Seid fleißig, sagt die Wahrheit, tut das Rechte!« gehen diese Maximen in ihre Psyche ein. Schließlich vernehmen sie die Stimme des Vaters als ihre eigene.

In der Pubertät hält dann das Kind dem Vater die Forderungen als seine eigenen entgegen: »Sprichst du denn immer die Wahrheit, bist du immer fleißig, tust du immer das Rechte«. Es kommt in sehr vielen Fällen zu Konflikten. Erst wenn der Sohn die Pubertät überwunden hat, versteht er, daß man in dieser Welt eigentlich nicht immer die Wahrheit sagen, nicht immer das tun kann, was den Forderungen unmittelbar entspricht. Dann ist er erwachsen.

H. G.: Aber wo ist der Anfang? Warum konnte der »erste« Vater sagen: »Sag die Wahrheit, tut das Rechte?« Woher nahm er selbst diese Maximen?

MAX HORKHEIMER: Sicherlich spielte dabei die Religion eine entscheidende Rolle. Aber viel wichtiger ist doch, daß diese Gewissensbildung heute gefährdet ist. Durch die zahlreichen soziologischen, psychologischen und technischen Veränderungen insbesondere der bürgerlichen Familie, zu denen man auch die Pille zählen kann, ist doch die Autorität des Vaters erschüttert. Daraus, so glaube ich, ergeben sich große Konsequenzen. Spielt das Gewissen, da die Autorität des Vaters nicht mehr dieselbe ist wie früher, eine andere Rolle? Oder kann es sich überhaupt nicht mehr herausbilden? Das sind Fragen, die heute überhaupt nicht untersucht werden. Ich glaube, aufgrund des Umstandes, daß die Familie heute nicht mehr die Bedeutung hat wie früher, wird unser gesellschaftliches Leben ganz entscheidend verändert.

Eines scheint in jedem Fall klar zu sein, daß der

Zusammenbruch des Vater-Mythos, ohne auch nur einigermaßen entsprechenden Ersatz, die Existenz des Gewissens als gesellschaftliches Phänomen in Frage stellt.

Die Mutter, die einen Beruf ausübt, ist etwas völlig anderes als die Mutter, deren Lebensaufgabe die Erziehung der Kinder war. Der Beruf verdinglicht ihre Gedanken. Dazu kommt noch etwas anderes. Sie ist gleichberechtigt. Sie strahlt, von Ausnahmen abgesehen, nicht mehr die Liebe aus wie vorher. Die Mutter bewahrte bisher ihre Natur als Ganzes und strahlte sie aus, durch ihre Sprache, ihre Gebärden. Ihre bewußten und unbewußten Reaktionen – erinnern Sie sich an das Beispiel, das ich genannt habe – spielten eine entscheidende Rolle in der Erziehung. Sie prägten das Kind vielleicht entschiedener als die Weisungen.

H. G.: Kann man das Rad der Entwicklung zurückdrehen?

MAX HORKHEIMER: Ich gehe davon aus, man kann den Prozeß nicht rückgängig machen, es sei denn etwa durch grauenvolle Katastrophen, wie ein Nuklearkrieg. Man kann aber von dem, was verlorengeht, etwas bewahren, indem man – und hier wird wieder deutlich, was ich unter kritischer Theorie verstehe – auch die Negativität dieser Prozesse deutlich macht.

Hier in der Schweiz, um Ihnen ein weiteres Beispiel zu nennen, tobt doch ein ständiger Kampf um die Gleichberechtigung der Frau. Ich meine, Nietzsche hatte völlig recht, als er sagte, die Frau wird mit der Gleichberechtigung das Wichtigste verlieren, was sie hat: das nicht verdinglichte, das nicht bloß pragmatische Denken.

H. G.: Aber spielt der kritische Theoretiker nicht dabei die tragische Rolle des Don Quichotte? Er kämpft doch gegen die Entwicklung, gegen das, was Sie die immanente Logik der Geschichte nennen, auf die wir noch zu sprechen kommen. Er hat nicht einmal die Chance, mögliche Veränderungen, die er bewirkt hat, zu erleben.

MAX HORKHEIMER: Diese Frage läßt sich auf verschiedenste Weise beantworten, psychologisch, philosophisch und theologisch. Lassen Sie mich sie theologisch beantworten.
Ich versuche einfach deshalb, die negativen Auswirkungen bestimmter Entwicklungen deutlich zu machen, weil ich glaube, daß die Liebe besser ist als der Haß, daß ich damit Postulate beachte, auch wenn ich mich dabei nicht auf Gott berufen kann. Und ich glaube, das gilt nicht nur für mich, sondern für alle Menschen.

H. G.: Das würde bedeuten: Auch hinter den Revolutionären des Proletariats, hinter Liebknecht, Rosa Luxemburg, um einige Namen zu nennen, die für die Gesellschaft etwas tun wollten, auch in dem Bewußtsein, den Sieg ihrer Idee nicht zu erleben, auch hinter ihnen steht das Theologische. Sie haben es getan aus Liebe zu den Menschen.

MAX HORKHEIMER: Um der Liebe zu den Menschen willen. Und jetzt kommen wir wieder zu dem Punkt, an dem das Judentum für mich so interessant ist: Die Identifikation nicht mit *dem,* sondern mit *den* Anderen. Ich bin am Schicksal der Anderen interessiert, ich weiß mich als Glied der Menschheit, in der ich fortleben werde.
Wenn ich an mich denke, denke ich an mich als ein Glied dieser Menschheit.
So haben sich die Märtyrer und Aufklärer aller Zeiten selbst aufgegeben, damit andere leben sollten.
Es ist mir sehr wichtig, an dieser Stelle wiederum den Zusammenhang mit der kritischen Theorie deutlich zu machen. Die wahre gesellschaftliche Funktion der Philosophie liegt in der Kritik des Bestehenden. Das bedeutet keine oberflächliche Nörgelei über einzelne Ideen oder Zustände, so als ob ein Philosoph ein komischer Kauz wäre. Es bedeutet auch nicht, daß der Philosoph diesen oder jenen isoliert genommenen Umstand beklagt und Abhilfe empfiehlt. Das eigentliche Ziel einer derartigen Kritik ist es zu verhindern, daß die Menschen sich an jene Ideen und Verhaltensweisen verlieren, welche die Ge-

sellschaft in ihrer jetzigen Organisation ihnen eingibt. Die Menschen sollen den Zusammenhang zwischen ihren individuellen Tätigkeiten und dem, was durch diese erreicht wird, einsehen lernen, zwischen ihrer besonderen Existenz und dem allgemeinen Leben der Gesellschaft, zwischen ihren täglichen Projekten und den großen Ideen, die sie anerkennen.

H. G.: Erscheint dies nicht als Illusion, angesichts dessen, was Sie die immanente Logik der Geschichte nennen, angesichts ihres düsteren Zukunftsbildes von einer verwalteten Welt?

MAX HORKHEIMER: Zunächst einmal: Die immanente Logik der Geschichte, so wie ich sie heute verstehe, führt tatsächlich zur verwalteten Welt. Durch die sich entfaltende Macht der Technik, das Wachstum der Bevölkerung, die unaufhaltsame Umstrukturierung der einzelnen Völker in straff organisierte Gruppen, durch schonungslosen Wettbewerb zwischen den Machtblöcken, scheint mir die totale Verwaltung der Welt unausweichlich geworden zu sein. Mit der Wissenschaft und der Technik hat sich der Mensch die ungeheuren Kräfte der Natur unterworfen. Wenn diese Kräfte — zum Beispiel die Nuklear-Energie — nicht zerstörerisch wirken sollen, müssen sie von einer wirklich rationalen Zentralverwaltung in Obhut genommen werden. Die moderne Pharmazeutik hat — um ein anderes Beispiel zu nennen — durch die Pille die menschliche Zeugungskraft manipulierbar gemacht. Eines Tages werden wir auch eine Geburtenverwaltung brauchen.

Ich glaube, daß die Menschen dann in dieser verwalteten Welt ihre Kräfte nicht werden frei entfalten können, sondern sie werden sich an rationalistische Regeln anpassen, und sie werden diesen Regeln schließlich instinktiv gehorchen. Die Menschen dieser zukünftigen Welt werden automatisch handeln: bei rotem Licht stehen, bei Grün marschieren. Sie werden den Zeichen gehorchen.

Die Individualität wird eine immer geringere Rolle spielen. Im 19. Jahrhundert, im Zeitalter des Liberalismus, kam es noch sehr auf den Einzelnen, die Persönlichkeit an. Er hat große Unternehmungen geleitet, in eigner Verantwortung, es gab auch noch die Persönlichkeit in der Geschichte. Aber schon heute ist es relativ leicht, ein Mitglied eines Fabrikdirektoriums oder einen Minister auszuwechseln, durch eine andere Figur zu ersetzen.

H. G.: Und was wird aus dem freien Willen?

MAX HORKHEIMER: Wir werden ihn bei den Menschen etwa in der Weise suchen können wie bei den Bienen und Ameisen und den vielen anderen Wesen dieser Erde.

H. G.: In der verwalteten Welt wird es also keinen freien Willen geben?

MAX HORKHEIMER: Eine verbindliche Antwort kann ich darauf nicht geben. Ich meine aber, heute schon sagen zu können, daß die immanente Logik der gegenwärtigen historischen Entwicklung, soweit sie durch Katastrophen nicht unterbrochen wird, auf eine Aufhebung des freien Willens hinweist.

H. G.: Das klingt nach Untergangsstimmung.

MAX HORKHEIMER: Ich möchte das einschränken. Die europäische Zivilisation im Sinn des 19. Jahrhunderts hat nur eine sehr geringe Aussicht, wahrscheinlich gar keine, sich in den nächsten Jahrhunderten fortzusetzen. Trotzdem wird die verwaltete Welt aber auch eine positive Seite haben: Die materiellen Bedürfnisse der Menschen können befriedigt werden.

H. G.: Mir scheint aber doch, daß Ihr Urteil über die verwaltete Welt ein sehr negatives, ein sehr pessimistisches ist.

MAX HORKHEIMER: Ich möchte sagen, es ist nicht nur pessimistisch. Vielleicht können auch in der verwalteten Welt Kräfte entfaltet werden, die einen nicht ausschließlich technischen Fortschritt hervorbringen. Zunächst einmal im Hinblick auf die Gerechtigkeit, den Fortfall der durch den chaotischen Zustand der Welt bedingten Konflikte, ja vielleicht auch das Bewußtsein einer universalen Solidarität.

H. G.: Aber, daß die verwaltete Welt kommen wird, ist gewiß?

MAX HORKHEIMER: Lassen Sie es mich so sagen: Der Prozeß der Entwicklung kann nicht willkürlich in einem gegebenen Augenblick rückgängig gemacht werden, denn die totale Transformation wirklich jeden Seinsbereichs in ein Gebiet von Mitteln führt letzten Endes zur Liquidation des Subjekts, das sich ihrer bedienen soll. Man kann einen solchen Prozeß nicht rückgängig machen. Man kann nur versuchen, etwas von dem Überlieferten zu bewahren, indem man die Wandlungen auch in ihrer Negativität sichtbar macht.

Gerechtigkeit und Freiheit sind nun einmal dialektische Begriffe. Je mehr Gerechtigkeit, desto weniger Freiheit; je mehr Freiheit, desto weniger Gerechtigkeit. Freiheit, Gleichheit, Brüderlichkeit, das ist eine wundervolle Parole. Aber wenn Sie die Gleichheit erhalten wollen, dann müssen Sie die Freiheit einschränken, und wenn Sie den Menschen die Freiheit lassen wollen, dann kann es keine Gleichheit geben. Wir sprachen vorhin vom Liberalismus. Dazu möchte ich noch etwas sagen. Marx projizierte die allseitige Entfaltung der Persönlichkeit als Ziel in die

Zukunft. Doch eben diese Entfaltung ist ein Produkt des liberalistischen Zeitalters, ein Produkt, das mit dem Liberalismus verschwindet. Das Thema dieser Zeit ist Selbsterhaltung, während es gar kein Selbst zu erhalten gibt.

H. G.: Wenn die Entwicklung der Gesellschaft einer ihr selbst immanenten Logik unterliegt, wenn die Anpassungszwänge für den Einzelnen immer größer werden, wenn die Rolle der Individualität immer kleiner wird, welchen Nutzen hat dann noch eine Gesellschaftstheorie?

Max Horkheimer: Da sage ich zunächst bescheiden: Wir leben ja noch nicht in der vollautomatisierten Gesellschaft, noch ist unsere Welt nicht total verwaltet. Wir können heute noch sehr viele Dinge tun, selbst wenn sie später überholt werden sollten.

H. G.: Aber wir können uns dem, was Sie die immanente Logik der Geschichte, der gesellschaftlichen Entwicklung nennen, nicht widersetzen, wir können die Entstehung der verwalteten Welt nicht verhindern?

Max Horkheimer: Nein, das können wir nicht. Aber wir können vielleicht helfen, grauenvolle Zwischenfälle in der Entwicklung zu vermeiden.

H. G.: Könnte nicht, Herr Horkheimer, für viele

Menschen der pharmazeutisch produzierte Traum ein Ausweg werden?

MAX HORKHEIMER: Die Totalverwaltung der Welt wird Rauschmittel, soweit sie der Gesundheit schädlich werden können, abschaffen. Vielleicht wird sie ungefährliche Mittel einführen, denn die Welt wird ja langweilig sein.

H. G.: Und die Theologie, die Sehnsucht nach dem Absoluten, was wird aus ihr in der total verwalteten Welt?

MAX HORKHEIMER: Diese Sehnsucht wird es vielleicht auch in der verwalteten Welt geben. Denn selbst dann, wenn alle materiellen Bedürfnisse befriedigt werden, die Tatsache bleibt, daß der Mensch sterben muß, und vielleicht wird ihm, gerade weil seine materiellen Bedürfnisse befriedigt werden, diese Tatsache dann in besonderer Weise bewußt sein. Vielleicht entsteht dann diese echte Solidarität der Menschen, von der wir am Anfang gesprochen haben, vielleicht trägt sie dazu bei, die Nachteile der totalen Verwaltung abzuschwächen.

H. G.: Warum wird diese Welt langweilig sein?

MAX HORKHEIMER: Man wird das Theologische abschaffen. Damit verschwindet das, was wir »Sinn« nennen aus der Welt. Zwar wird große Geschäftigkeit herrschen, aber eigentlich sinnlose, also langweilige. Und eines Tages wird man auch die Philosophie als eine Kinderangelegenheit der Menschen betrachten. Vielleicht schon in naher Zukunft wird man von dem, was wir mit allem Ernst in diesem Gespräch getan haben, über die Beziehungen von Transzendentem und Relativem spekulieren, sagen, es sei läppisch. Ernsthafte Philosophie geht zu Ende.

QUELLEN

1 Zur Kritik der instrumentellen Vernunft, Seite 8
2 Kritische Theorie, Bd. 1, Seite 359
3 Zur Kritik der instrumentellen Vernunft, Seite 327
4 Kritische Theorie, Bd. 1, Seite IX
5 Kritische Theorie, Bd. 2, Seite 341
6 Kritische Theorie, Bd. 1, Seite 7
7 a. a. O., Seite 2
8 a. a. O., Seite 304
9 Kritische Theorie, Bd. 2, Seite 146
10 a. a. O., Seite 148
11 a. a. O., Seite 193
12 a. a. O., Seite 200
13 a. a. O., Seite 175
14 a. a. O., Seite 311
15 a. a. O., Seite 234
16 Zur Kritik der instrumentellen Vernunft, Seite 32
17 a. a. O., Seite 38
18 a. a. O., Seite 38
19 a. a. O., Seite 91
20 a. a. O., Seite 117
21 a. a. O., Seite 130
22 a. a. O., Seite 123
23 Kritische Theorie, Bd. 1, Seite 374
24 Zur Kritik der instrumentellen Vernunft, Seite 321
25 Dialektik der Aufklärung, Seite 15
26 Zur Kritik der instrumentellen Vernunft, Seite 203
27 a. a. O., Seite 213
28 a. a. O., Seite 148
29 a. a. O., Seite 227
30 a. a. O., Seite 236
31 a. a. O., Seite 226
32 a. a. O., Seite 227
33 a. a. O., Seite 317
34 Kritische Theorie, Bd. 1, Seite X
35 Horkheimer in einer Rede vor Studenten 1952
36 a. a. O., Seite IX
37 a. a. O., Seite 80
38 a. a. O., Seite XII
39 a. a. O., Seite XI

Bitte beachten Sie auch die folgenden Seiten

Als Anschlußliteratur werden aus der Reihe der Stundenbücher die folgenden Bände empfohlen.

RUDOLF BULTMANN
Jesus Christus und die Mythologie
Das Neue Testament im Licht der Bibelkritik
Deutsche Erstausgabe. Band 47 DM 2,80

SIGURD MARTIN DAECKE
Der Mythos vom Tode Gottes
Ein kritischer Überblick. Dokumentarband.
Band 87 DM 4,80

PETER GERLITZ
Kommt die Welteinheitsreligion?
Das Christentum und die anderen Weltreligionen
zwischen gestern und morgen. Band 88 DM 4,80

Glauben heute I
Ein Lesebuch zur evangelischen Theologie
der Gegenwart. Hrsg. von Gert Otto
Band 48 DM 6,80

Glauben heute II
Ein Lesebuch zur katholischen Theologie
der Gegenwart. Hrsg. von Gert Otto unter
Mitwirkung von Gert Päschke. Bd. 79 DM 6,80

JOACHIM ILLIES
Wissenschaft als Heilserwartung
Der Mensch zwischen Furcht und Hoffnung.
Band 84 DM 3,80

HANS-JOACHIM KRAUS
Begegnung mit dem Judentum
Das Erbe Israels und die Christenheit.
Originalausgabe. Band 16 DM 2,80

Motive des Glaubens
Eine Ideengeschichte des Christentums in achtzehn Gestalten. Band 93 DM 4,80

ROLF RENDTORFF
Gottes Geschichte
Der Anfang unseres Weges im Alten Testament.
Originalausgabe. Band 3 DM 2,80

TRUTZ RENDTORFF
Christentum außerhalb der Kirche
Konkretionen der Aufklärung. Band 89 DM 3,80

HANS JÜRGEN SCHULTZ
Konversion zur Welt
Gesichtspunkte für die Kirche von morgen.
Originalausgabe. Band 42 DM 2,80

ULRICH WILCKENS
Gottes Offenbarung
Ein Weg durch das Neue Testament.
Originalausgabe. Band 15 DM 2,80

HANS-DIETER WOLFINGER
Der unvollendete Sozialismus
Ein vergessener Auftrag der Kirche. Band 92 DM 3,80

FURCHE-VERLAG

KONKRETIONEN

Beiträge zur Lehre von der handelnden Kirche
Herausgegeben von Prof. Dr. Hans-Eckehard Bahr, Bochum

1 HANS-ECKEHARD BAHR
Verkündigung als Information
Zur öffentlichen Kommunikation in der
demokratischen Gesellschaft
148 Seiten. Pbck. DM 9,80

2 HANS-ECKEHARD BAHR (Hrsg.)
Kirchen in nachsakraler Zeit
136 Seiten mit Architekturskizzen
16 Seiten Abb. auf Kunstdruckpapier
Pbck. DM 9,80

3 HANS-JÜRGEN BENEDICT (Hrsg.)
  HANS-ECKEHARD BAHR (Hrsg.)
Kirchen als Träger der Revolution
Ein politisches Handlungsmodell
am Beispiel der USA
192 Seiten. Pbck. DM 9,80

4 KARL-WERNER BÜHLER
Die Kirchen und die Massenmedien
Intentionen und Institutionen konfessioneller
Kulturpolitik in Rundfunk, Fernsehen, Film und Presse nach
1945. 136 Seiten. Pbck. DM 9,80

5 THEODOR EBERT (Hrsg.)
  HANS-JÜRGEN BENEDICT (Hrsg.)
Macht von unten
Bürgerrechtsbewegung, außerparlamentarische Opposition
und Kirchenreform
208 Seiten. Pbck. DM 12,80

6 HILDEGARD LÜNING
Camilo Torres
Priester, Guerrillero
Darstellung, Analyse, Dokumentation
168 Seiten. Pbck. DM 12,80

7 KARL-BEHRND HASSELMANN
Politische Gemeinde
Ein kirchliches Handlungsmodell
am Beispiel der Evangelischen Studentengemeinde
an der Freien Universität Berlin
168 Seiten. Pbck. DM 9,80

8 PETER CORNEHL (Hrsg.)
   HANS-ECKEHARD BAHR (Hrsg.)
Gottesdienst und Öffentlichkeit
Zur Theorie und Didaktik neuer Kommunikation
Mit Beiträgen von Hans-Eckehard Bahr, Otfried Halver /
Reiner Schulenburg, Gert Otto, Walter Magass, Jürgen Roloff,
Peter Cornehl, Sigurd M. Daecke
264 Seiten. Pbck. DM 12,80

9 JOHANNES DEGEN
Das Problem der Gewalt
Politische Strukturen und theologische Reflexion
Mit Materialien von Jean Cardonnel, Gonzalo Castillo-
Cárdenas, Richard Shaull
184 Seiten. Pbck. DM 12,80

Die Reihe wird fortgesetzt

FURCHE-VERLAG

Fischer Bücherei

Informationen zur Zeit

**Die aktuelle Reihe
der Fischer Bücherei.
Gesamtauflage 850 000.**

Sven G. Papcke — Anpassung oder Widerstand?
Gewerkschaften im autoritären Staat
Band 1094 – DM 2,80

Theodor Ebert — Gewaltfreier Aufstand
Alternative zum Bürgerkrieg
Band 1123 – DM 3,80

Hans-Eckehard Bahr (Hrsg.) — Weltfrieden und Revolution
Band 1102 – DM 3,80

Harold Rasch — Politik mit dem Osten
Von der Abschreckung zum Frieden
Band 1165 – DM 3,80